BIBLIOTECA DE DERECHO TRIBUTARIO

Colección: Dr. Paulo de Barros Carvalho

Dr. Jorge Bravo Cucci
Juan Carlos Panez Solórzano
(Directores)

Vivian de Freitas e Rodrigues de Oliveira
Magíster y Doctora en Derecho por la Pontificia Universidad Católica de São Paulo (PUC/SP)
Profesora de Derecho Tributario en el Instituto Brasileño de Estudios Tributarios (IBET)

La determinación tributaria como acto administrativo: procedimiento y control

Traducción de:
Juan Carlos Panez Solórzano
Israel Sánchez Cerna

Ediciones Olejnik

Edición al cuidado de: Carlos Antonio Agurto Gonzáles
Sonia Lidia Quequejana Mamani, Benigno Choque Cuenca

Título: La determinación tributaria como acto administrativo: procedimiento y control

Traducción:
Juan Carlos Panez Solórzano
Israel Sánchez Cerna

© Ediciones Olejnik
Huérfanos 611, Santiago - Chile
E-mail: contacto@edicionesolejnik.com
Web site: http://www.edicionesolejnik.com

Primera edición en Ediciones Olejnik: 2019

ISBN: 978-956-392-709-2

Diseño de Carátula: Ena Zuñiga
Diagramación: Luis A. Sierra Cárdenas

Impreso en Argentina 2019 Printed in Argentina

ÍNDICE

CAPÍTULO 3
ACTO ADMINISTRATIVO - CONCEPTOS ESENCIALES

CAPÍTULO 4
FENOMENOLOGÍA DE LA INCIDENCIA - NACIMIENTO DE LAS NORMAS INDIVIDUALES Y CONCRETAS

CAPÍTULO 5
LENGUAJE Y PROCESO DE INTERPRETACIÓN - CREACIÓN DEL DERECHO TRIBUTARIO

CAPÍTULO 6
FORMAS DE CONTROL DE LA CONSTITUCIONALIDAD-LEGALIDAD DEL ACTO ADMINISTRATIVO-TRIBUTARIO DE DETERMINACIÓN

Agradezco mucho a Fabio y a Bernardo, con todo mi amor.

Al profesor Paulo de Barros Carvalho, por ser un maestro presente y generoso. Mi eterna admiración y cariño.

A mis amigos Juan Carlos Panez Solórzano e Israel Sánchez Cerna, por el bellísimo y riguroso trabajo de traducción.

PRÓLOGO A LA EDICIÓN EN LENGUA PORTUGUESA

Cuando pensamos en el fenómeno de la percusión jurídico-tributaria, se nos viene a la mente la figura de un hecho que, subsumiéndose a la hipótesis normativa tributaria, hace surgir un vínculo obligacional. ¡Es la fenomenología de la incidencia! Sin embargo, esta operación no se realiza sola, dado que es necesario que un ser humano realice la subsunción y la implicación que determina el precepto de la norma general y abstracta. La subsunción y la implicación tienen la calidad de operaciones lógicas, y por ello exigen la participación humana. De aquí resulta la visión antropocéntrica, ya que requiere al hombre como elemento intermediario para que pueda construir (a partir de las normas generales y abstractas) otras normas generales o individuales, abstractas o concretas.

El desplazamiento de las estructuras del Derecho hacia la concreción de las conductas intersubjetivas exige la certificación de la ocurrencia del hecho connotativamente previsto en la hipótesis de la norma que se pretende aplicar. Sin embargo, para que el relato ingrese en el universo del Derecho, constituyendo un hecho jurídico tributario, es preciso que sea enunciado en un lenguaje competente. Esta actividad es realizada por el sujeto que está facultado por el ordenamiento jurídico. Aquí se observa la importante función del acto administrativo de la determinación tributaria. La autoridad administrativa a través de ella relata el hecho jurídico tributario, en todos sus aspectos (conducta nuclear, tiempo y espacio), desencadenando el vínculo obligacional (con sus sujetos y objeto).

Para que esta positivización sea realizada de modo pertinente, es imprescindible que se observen las reglas formales que regulan la emisión de los actos administrativos de determinación y los preceptos de contenido material. Se deben respetar los principios de estricta legalidad y tipicidad tributaria (límites objetivos que buscan implementar el supraprincipio de seguridad jurídica). Con estos principios se garantiza que los individuos se sujetarán a la tributación tan solo si se realiza el hecho connotativamente descrito en la hipótesis normativa tributaria.

Por lo tanto, el acto administrativo de la determinación tributaria está sujeto a un riguroso control. Por su gran relevancia fue el objeto temático elegido por Vivian de Freitas e Rodrigues de Oliveira para elaborar su tesis de maestría, defendida en la Pontificia Universidad Católica de São Paulo, y de la cual tuve el placer de ser su orientadora.

Su trabajo titulado «Actos administrativos vinculados y competencias discrecionales en el Derecho Tributario - determinación y acto administrativo», que dio origen a este libro, se encuentra dentro del constructivismo lógico-semántico. El constructivismo es un método que fue desarrollado y aplicado en Brasil por Lourival Vilanova, de forma pionera, y ampliamente difundido por el profesor Paulo de Barros Carvalho.

El constructivismo lógico-semántico es un método de trabajo hermenéutico que cerca los términos del discurso del Derecho Positivo y de la Ciencia del Derecho para otorgarles firmeza, reduciendo las ambigüedades y vaguedades, considerando la coherencia y el rigor del mensaje comunicativo. El exégeta, usando el instrumental proporcionado por el constructivismo lógico-semántico, tiene las condiciones para realizar el examen de la estructura interna normativa y las relaciones lógicas existentes en la integración de las normas con otras unidades del sistema. El estudioso del Derecho, con el dominio de esta plataforma filosófica, adquiere una nueva postura analítica, dado que toma como punto de partida del conocimiento las formas lógicas, pero sin olvidar que se trata de un objeto cultural, vale decir, este objeto está impregnado de valores. El constructivismo lógico-semántico, tomado como una concepción filosófica que se destaca por la rigurosa elaboración de la metodología sintáctica y semántica del Derecho, permite edificar una teoría de las normas bien estructurada en términos lógicos, discutida y esquematizada en el nivel semántico, y con buenas indicaciones en el desdoblamiento pragmático.

Todo este arsenal metodológico es observado en la obra de la autora. Vivian lidia con el Derecho Positivo a partir de modelos consagrados en la Filosofía del Derecho y en la Teoría General del Derecho, haciéndolo desde la perspectiva del lenguaje, utilizando ese instrumento teórico para ingresar en el estudio de los actos administrativos y, en concreto, en el acto de la determinación tributaria.

Tomando como punto de partida las nociones sobre el sistema del Derecho Positivo, se estudia de forma profunda la teoría general de los actos administrativos y después, orientada por su espíritu inquieto y fuerte personalidad, se reinterpreta la división lógica de los actos administrativos. Llega a confrontar los conceptos de acto administrativo vinculado y acto administrativo discrecional, y los relaciona con la determinación tributaria. Estas consideraciones tienen un propósito muy firme: pretende examinar las formas de control de las normas tributarias individuales y concretas, colocadas a través de los actos administrativos de determinación tributaria. En este punto sobresale el aspecto pragmático de la obra, con consideraciones sobre los controles administrativos y judiciales de los actos de determinación tributaria.

La autora siempre recomienda la intersección entre la teoría y la práctica. Y ello lo hace con pericia, dado que se encuentra orientada por la experiencia de la abogada litigante y con el dominio expositivo que la caracteriza como una excelente profesora. Todo esto permite que se construya un texto científico profundo, dotado de claridad singular, y elaborado con dedicación y diligencia.

Por estos motivos me siento muy honrada por prologar este libro. Aprovecho la oportunidad para realizar breves comentarios sobre la excelencia del escrito y de su autora. Este libro, resultado de la trayectoria profesional y académica de Vivian, es de lectura obligatoria para quien pretenda meditar sobre el tema de los actos administrativos y de la determinación tributaria.

FABIANA DEL PADRE TOMÉ
Profesora en la Maestría de la PUC-SP
Magíster y Doctora en Derecho Tributario por la PUC-SP

PRÓLOGO A LA EDICIÓN EN LENGUA ESPAÑOLA

La claridad y la lucidez con la cual una persona es capaz de expresar sus ideas son dignas de admiración y respeto. Este es mi sentir por la Dra. Vivian de Freitas e Rodrigues de Oliveira, quien ha tenido la gentileza de permitirme prologar este magnífico libro titulado *La determinación tributaria como acto administrativo: procedimiento y control.*

He tenido la oportunidad de leer los originales de esta obra y, como resultado de su atenta lectura, puedo manifestar que me ha sorprendido mucho, dada la forma en que aborda el estudio de la determinación tributaria. Estoy seguro de que los lectores de este libro también se sorprenderán, dado que los presupuestos de esta investigación suscitarán la revisión o, al menos, el cuestionamiento de nuestros conocimientos previos. Ello se debe al sistema de referencia de la autora: los estudios emprendidos lo realiza desde los fundamentos del *constructivismo lógico-semántico.*

Esta escuela de derecho tributario, fundada por el maestro Lourival Vilanova y difundida actualmente por el profesor Paulo de Barros Carvalho, viene dando muchos frutos académicos. Esto se puede apreciar en la gran cantidad de investigaciones que existen en Brasil, tanto en artículos especializados como en la cantidad impresionante de libros publicados. En este sentido, los seguidores de esta escuela han realizado un sinfín de trabajos de investigación sobre diferentes aspectos del Derecho Tributario y este libro es una clara manifestación de lo que vengo afirmando.

Los trabajos que tienen como referencia el constructivismo lógico-semántico se sustentan en la Filosofía del lenguaje, Teoría General del Derecho, Lógica jurídica y en la Semiótica. Los trabajos de investigación que se fundamentan en estos presupuestos tienen un resultado extraordinario.

La autora nos advierte sobre la diferencia entre el Derecho Positivo y la Ciencia del Derecho. El primero tiene un lenguaje prescriptivo, y se rige por los criterios de validez e invalidez; mientras que el segundo tiene un lenguaje descriptivo, y se rige por los criterios de verdad y falsedad. Esta primera y relevante diferenciación discrepa de lo prescrito por la Norma III del Código

Tributario peruano, la cual señala que, además de las disposiciones constitucionales, legales y reglamentarias, de los tratados internacionales y de la jurisprudencia, es fuente del Derecho Tributario la doctrina jurídica.

Aquí podemos apreciar que el legislador peruano ha mezclado los dos tipos de lenguaje, el del Derecho Positivo y el de la Ciencia del Derecho. Las fuentes del Derecho por estar dentro del sistema jurídico tienen carácter prescriptivo, pero la doctrina no. Por esta razón, esta última no podría ser fuente de Derecho Positivo.

Por otro lado, debemos destacar la postura de la autora respecto a las diferentes definiciones del Derecho Administrativo. Reiteramos que la diferencia radica en el sistema de referencia que la autora adopta. No olvidemos que si partimos de presupuestos diferentes, entonces llegaremos a conclusiones diferentes. Es por esta razón que existe una diversidad de posiciones doctrinarias. Tradicionalmente se concibe al hecho como un acontecimiento natural, mientras que el acto implica una acción humana. En este sentido, el hecho viene a ser el género, mientras que el acto resulta ser la especie.

La autora Vivian Oliveira diferencia entre eventos y hechos. Los primeros se conciben como los acontecimientos que suceden en el mundo fáctico, los cuales se tornarán en hechos cuando sean vertidos en lenguaje, esto es, cuando adquieran una expresión lingüística. Vale decir, el evento no tiene relevancia para el Derecho pero los hechos sí, dado que se encuentran revestidos de lenguaje. Se debe advertir que, aunque este hecho ya tiene relevancia para el Derecho, no es todavía un hecho jurídico, ya que para ello deberá tener un ropaje jurídico, vale decir, el agente competente deberá «juridizar» ese hecho, esto es, convertirlo en objeto de regulación jurídica, a través del proceso establecido en el sistema jurídico.

A partir de esa base conceptual la autora distingue entre el hecho jurídico administrativo en sentido estricto y el hecho jurídico administrativo en sentido amplio. El primero proviene del ejercicio de las competencias directas de la Administración en el ejercicio de sus funciones. A su vez, el segundo está conformado por cualquier lenguaje producido por la Administración Pública, aunque se viertan en un lenguaje jurídico los hechos sociales de la administración de forma involuntaria.

Por lo tanto, el hecho jurídico administrativo en sentido estricto tiene similitud con el «acto administrativo», mientras que el hecho jurídico administrativo en sentido amplio la tiene con el «hecho administrativo».

Otro aspecto destacable de esta obra es la reflexión que la autora efectúa sobre los actos administrativos vinculados y los actos administrativos discrecionales. Se sabe que los primeros resultan del ejercicio puro de la legalidad administrativa en su sentido más estricto, mientras que los actos administrativos discrecionales se configuran cuando se le atribuye un cierto margen de discrecionalidad a la Administración para que, ante un caso concreto, pueda actuar de la forma más justa, siempre que respete los criterios de conveniencia y oportunidad. Sobre esta clasificación, la autora señala que un acto administrativo no es plenamente vinculado ni plenamente discrecional, dado que en el supuesto del acto administrativo vinculado el sujeto competente deberá analizar la norma general y abstracta que aplicará al caso concreto, lo cual ya establece un juicio de valor. En ese mismo sentido, cuando la Administración emita un acto administrativo discrecional, no puede alejarse de los presupuestos de legitimidad, vale decir, no puede atentar contra los elementos del sistema jurídico. Por lo tanto, ante la emisión de un acto administrativo siempre habrá un juicio de valor, lo cual tornará discrecional el acto, pero a su vez deberá estar sujeto a los principios del sistema jurídico, por lo que será vinculado.

La autora también nos advierte que el Derecho no controla la formulación o creación de los enunciados jurídicos, pero sí el resultado de ese proceso, vale decir, la norma concreta o individual que pasará a integrar el sistema jurídico mientras otro enunciado, o sea, otra norma, no la modifique o expulse de dicho sistema.

Definitivamente este libro es un aporte valioso a la Ciencia del Derecho, y no solo del Derecho Tributario, dado que abarca diferentes instituciones jurídicas y encuentra basamentos en la Teoría General del Derecho, Filosofía del Derecho, Lógica Jurídica y Semiótica. Por ello cabe recomendar su lectura a toda la comunidad jurídica de habla hispana. Debo felicitar a Juan Carlos Panez Solórzano e Israel Sánchez Cerna por la rigurosa traducción realizada.

Finalmente, agradezco a la Dra. Vivian de Freitas e Rodrigues de Oliveira por haberme permitido prologar esta valiosa obra y abrigo las esperanzas de que en el futuro podremos seguir beneficiándonos con sus reflexiones y enseñanzas.

Lima, julio del 2019

CÉSAR TALLEDO MAZÚ

Socio principal del Estudio Talledo Abogados
y de la Editorial Economía y Finanzas

NOTAS DE LA AUTORA A LA EDICIÓN EN LENGUA ESPAÑOLA

Con mucha alegría escribo las notas a la edición en lengua española de este trabajo. Es un estudio escrito cuando inicié el proceso de conocimiento del positivismo lógico-semántico.

En esa época iniciaba mi jornada como estudiante de la maestría de la Pontificia Universidad Católica de São Paulo, Brasil, y allí comenzaba una relación de amor por esta corriente filosófica tan coherente y estimulante. También se iniciaban las lecciones interminables del profesor Paulo de Barros Carvalho, quien actualmente todavía alimenta mi infinita ansiedad intelectual.

El proceso de conocimiento comenzó con el libro *Derecho como texto*, del profesor Gregorio Robles, y en ese recorrido el libro *Fundamentos jurídicos de la incidencia*, del maestro profesor Paulo de Barros Carvalho, fue el vehículo que impulsó mi aprendizaje. ¡El proceso de incidencia jurídico-tributaria es apasionante!

El libro realiza una invitación para que todos conozcan una parte de la teoría desarrollada por el profesor Paulo de Barros Carvalho, con el objetivo de ser una introducción rápida al universo del lenguaje como texto.

Los conceptos se explican de manera sencilla y están conectados con importantes conceptos de la teoría general del derecho. Lejos de agotar el tema, por el contrario, tan solo introduce al lector a la grandeza cognitiva abarcada por esta teoría.

Guardo un gran respeto por este estudio, porque fue el comienzo de una relación personal y académica, de admiración y respeto, por mi maestro profesor Paulo, que no solo me apoyó, sino que también confió en la capacidad científica de una joven estudiante con una vida profesional muy compleja, pero que nunca dejó de dedicarse profundamente a la academia, actividad que ejerzo con amor y por amor hasta hoy.

Agradezco a todos los que hicieron posible este sueño. A todos los que confían en la conjugación de experiencia práctica con conocimiento científico, una combinación que a veces genera excelentes frutos.

Finalmente, agradezco infinitamente a mis traductores peruanos Juan Carlos Panez Solórzano e Israel Sánchez Cerna por la magnífica y rigurosa versión española de este trabajo que de forma pulcra el lector hispanohablante podrá leer. Juan Carlos Panez es un joven y prometedor abogado, investigador y traductor de obras jurídicas, cuya experiencia (en estos últimos 10 años) lo ha llevado a traducir y publicar más de 55 libros en Perú, Chile, Colombia, Argentina y España.

Invito a los lectores a recibir este estudio de mente abierta porque el proceso de conocimiento que aquí se realiza es la puerta a jornadas más ambiciosas.

Vivian Oliveira
São Paulo, septiembre del 2019

RESUMEN

El presente trabajo pretende transitar por el Derecho Administrativo y Tributario, confrontando los conceptos de acto administrativo vinculado y acto administrativo discrecional con la determinación tributaria, vista como procedimiento, acto y norma.

Pretendemos realizar un análisis de la doctrina administrativa clásica y, partiendo de la aplicación de la filosofía del lenguaje y de la dicotomía «evento-hecho» que deriva de ella, reinterpretar la división lógica de los actos administrativos y su propio concepto.

Por esta razón, demostraremos que es propio de la naturaleza ontológica del proceso de positivización del derecho positivo que el agente capaz, para que inserte una norma individual y concreta en el sistema, lo realice con alguna discrecionalidad, por más que el procedimiento sea vinculado. El mecanismo utilizado para comprobar las premisas adoptadas será la fenomenología de la incidencia.

Proponemos un análisis del proceso de positivización del derecho que parte del producto, vale decir, el objeto de control de legalidad debe ser la norma individual y concreta de la determinación, y no las normas generales y abstractas.

Concluimos este estudio con las formas de control del producto del proceso de positivización: «las normas individuales y concretas, todo convergiendo hacia nuestra idea inicial de que no hay control sobre la inserción de normas individuales y concretas en el sistema: todo control realizado sobre una norma presupone su existencia como tal, por lo tanto, su validez».

VIVIAN DE FREITAS E RODRIGUES DE OLIVEIRA

INTRODUCCIÓN

Cualquier persona que quiera investigar el Derecho Positivo, pretendiendo contribuir con la Ciencia del Derecho, debe establecer algunas premisas fundamentales para que sirvan de norte en la comprensión del mensaje que se pretende transmitir.

Por lo tanto, establezcamos las premisas que fundamentan el presente trabajo para buscar de forma incansable el uso correcto y adecuado del lenguaje, y para que se produzca también un texto científico. El tema abordado será analizado desde la óptica de la Ciencia del Derecho, con el objetivo de producir un trabajo que no pretende resolver y elucidar de forma definitiva el tema, sino introducir nuevos elementos a las interpretaciones futuras sobre la materia.

Se pretende elucidar de qué forma el proceso de positivización del derecho interactúa con los conceptos propios del Derecho Administrativo.

Para ello transitaremos por el Derecho Administrativo, analizando los conceptos de aquella rama didáctica y aplicando nuestras premisas, siempre con el objetivo de obtener la claridad metodológica.

El proceso de positivización será analizado precisamente con la fenomenología de la incidencia, concluyendo con el lenguaje y el proceso de interpretación.

Evidentemente, no tenemos la pretensión de agotar el tema porque entendemos que nunca se llega a la comprensión completa de ningún tema. Bertrand Russel enseña que «todo conocimiento humano es incierto, inexacto y parcial».

Sin embargo, el estudio de conceptos como actos administrativos vinculados, discrecionales, proceso y procedimiento administrativo, determinación tributaria, y proceso de positivización, serán sustanciales para que la idea transmitida sea comprendida en su plenitud.

En el primer capítulo se elucidarán otras premisas. Estas serán necesarias para que el lector pueda comprender el raciocinio que se desarrollará a partir de ellas.

CAPÍTULO 1

PREMISAS Y CONCEPTOS - DERECHO POSITIVO, CIENCIA DEL DERECHO, SISTEMA E INTERPRETACIÓN

1. DERECHO POSITIVO Y CIENCIA DEL DERECHO

Cualquier trabajo científico, en cualquier campo del conocimiento humano, necesita establecer sus premisas para obtener una correcta comprensión del mensaje que se quiera transmitir.

Aunque el tema elegido transite por el Derecho Administrativo, pretendiendo aplicar la premisa de la creación del derecho a través de la interpretación a los conceptos de acto vinculado, conceptos jurídicos indeterminados y competencias discrecionales, el Derecho es uno e indivisible. Por esta razón, las premisas elegidas son válidas tanto para el Derecho Tributario como para el Derecho Administrativo.

La primera diferenciación necesaria para la comprensión del lenguaje utilizado en este trabajo se refiere a los conceptos de «Ciencia del Derecho» y «Derecho Positivo».

Desde nuestro punto de vista, el «Derecho Positivo» es un objeto cultural, producto de la actividad humana y, por eso mismo, un lenguaje. El Derecho Positivo es una camada de lenguaje prescriptivo que pretende orientar las conductas intersubjetivas a través de la implantación de valores.

Consideramos que las transcripciones en trabajos de esta naturaleza tan solo deben ocurrir cuando enriquezcan aquello que se describe. En este sentido, el profesor Paulo de Barros Carvalho[1] señala lo siguiente:

El Derecho Positivo, desde el aspecto de la camada de lenguaje prescriptivo de conductas, es una construcción del ser humano. En este sentido, dista

---

[1] CARVALHO, Paulo de Barros. *Crédito Prêmio de IPI. Estudos e Pareceres III*. 1.ª ed. São Paulo: Manole Editora, 2005, p. 3.

de ser un dato simplemente ideal y por ello tampoco le son aplicables las técnicas de investigación del mundo natural. Las unidades normativas seleccionan hechos y regulan comportamientos, hechos y conductas recogidos en el campo de lo social.

Por lo tanto, adoptando este concepto, el Derecho Positivo es tan solo aquel conjunto de normas válidas en un determinado sistema, vale decir, en un determinado ordenamiento jurídico. De esta premisa se puede concluir que «validez» sería la relación de pertinencialidad entre una norma y el sistema. La validez tiene el contenido semántico de «existir» para el universo del Derecho Positivo.

La premisa de la cual partimos (el Derecho es una camada de lenguaje) es esencial para la comprensión del raciocinio aquí desarrollado.

Debemos comprender que el valor existe para el Derecho Positivo, vale decir, está en su raíz, en la propia institución del binomio «lícito» e «ilícito». Sin embargo, el científico del derecho debe comprender que el valor inherente al Derecho Positivo no se trata de un valor personal, particular o peculiar de cada intérprete.

El valor ínsito al Derecho Positivo se le atribuye cuando nace, vale decir, durante el proceso de enunciación[2] (a través del cual surge el Derecho Positivo). En aquel momento (que es irrepetible), los legisladores atribuyen a los

---

[2] El profesor Tárek Moyssés Moussallem trata sobre este término en su libro *Fuentes del Derecho Tributario*. Veamos sus enseñanzas sobre los términos «enunciado», «enunciación», «enunciación-enunciada» y «enunciado-enunciado»:

De la Semiótica surgieron ciertas categorías que están expresadas en este libro y con las cuales los estudiosos del derecho no están familiarizados. El lector entrará en contacto con ciertas expresiones que jamás observó o escuchó: «enunciado», «enunciación», «enunciación-enunciada» y «enunciado-enunciado».

¡No se espante!

Como las palabras cortan el mundo en pedazos, podemos afirmar que dar nombre es crear. No nos quedó otra alternativa que usar estos términos para distinguir datos diferentes en el mundo. Y ello fue así porque la teoría tradicional de las fuentes no conseguía entrever algo nuevo por una pura cuestión metodológica: las herramientas utilizadas eran insuficientes.

Considero que un simple ejemplo nos puede ayudar a comprender estos términos.

En un viaje que realicé hace años a Perú pude conocer sus vinícolas. Ya estando en este país pude acompañar todo el proceso de producción del vino. Después de culminar con el recorrido pudimos degustar el vino. El vino es el producto denominado *enunciado*. La cosecha de la uva, la fermentación y todo lo realizado para transformarse la uva en vino se denomina *enunciación*. Por esta razón, la *enunciación* es una instancia presupuesta del *enunciado*.

Ahora imagine a un sujeto que reside en el Perú y que está enamorado de los vinos peruanos. Este sujeto no tiene acceso al proceso de producción del vino (*enunciación*), sino tan solo al vino (*enunciado*). Por medio de ciertos datos plasmados en la botella de vino (rótulo, cosecha, vinícola, lugar de la producción y fecha), el degustador peruano consigue reconstruir los elementos importantes de la instancia de producción (por esta razón, él identifica el vino como peruano, el nombre de la vinícola, el año en el que fue producido, etc.). A estos elementos denominaré *enunciación-enunciada*, vale decir, son los elementos que permiten al receptor del mensaje reconstruir el proceso de enunciación. El líquido que viene dentro de la botella, en el lenguaje propio de los juristas, es el vino *stricto sensu*. Aquí tenemos el *enunciado-enunciado*.

Los lectores deben recordar este ejemplo para cuando se encontrasen con estos conceptos en el interior del texto. Por lo tanto, así quedará más fácil la comprensión de estos términos.

(...)

Sin embargo, lo que ahora nos interesa es diferenciar enunciado y enunciación.

A toda producción de un enunciado (sea descriptivo, sea prescriptivo) subyace la actividad de enunciación.

Por esta razón, dado que el evento de la enunciación se desvanece en el tiempo y en el espacio, el cientista buscará construirlo a través de las marcas de la producción dejadas en el producto.

A estas marcas de la enunciación que son dejadas en el enunciado, KERBRAT-ORECCHION denomina «hechos enunciativos». Los hechos enunciativos son «*las huellas lingüísticas de la presencia del locutor en el seno de su enunciado, los lugares de la inscripción y las modalidades de la existencia de lo que con Benveniste denominaremos 'la subjetividad en el lenguaje'*».

Así, un pintor que pinta un cuadro deja en el producto (tela) las marcas de la enunciación. La actividad de pintar el cuadro desaparece en el tiempo, quedando tan solo los hechos enunciativos. De la misma forma, un músico que compone una obra deja registrados en ella determinados elementos que permiten la reconstrucción de su actividad de producción. La actividad de componer (proceso) se disipa en el tiempo y se queda únicamente la partitura (producto). A través de este se podrá reconstruir los pasos recorridos por el compositor.

Guarda una cierta similitud con la producción normativa: el agente productor de las normas deja en el enunciado (enunciados prescriptivos) ciertos elementos que nos permiten reconstruir su actividad productora.

La enunciación es en sí misma el arquetipo de lo incognoscible. Se trata de un acontecimiento -actuar humano- que se agota en el tiempo y en el espacio. Pero, por su parte, proyecta en el enunciado los denominados hechos enunciativos (actuantes, espacio y tiempo de la enunciación), los que nos permiten constituir el evento de la enunciación.

Los hechos enunciativos nos permiten construir el evento de la enunciación normativa. Es el lenguaje constituyendo la realidad.

De ahí es que Eric Landowski, citado por Fiorin, afirma que la enunciación es el «acto por el cual el sujeto hace-ser el sentido», y el enunciado es «el objeto cuyo sentido hace-ser al sujeto».

Si, por un lado, el sujeto es el creador del enunciado, y, por otro, el enunciado es creador del sujeto, entonces se puede afirmar que todo es una continuidad lingüística.

Las categorías de la enunciación, del enunciado, de la enunciación-enunciada y del enunciado-enunciado, como tendremos la oportunidad de observar, serán muy útiles en el estudio de las fuentes del derecho. Y ello será así porque *el cientista del derecho, imposibilitado de estudiar el acto de enunciación normativa (producción), buscará identificar sus rasgos (proceso legislativo, judicial, ejecutivo o incluso particular) en el acto producido (ley en sentido amplio, sentencias, determinaciones tributarias, contratos, etc.)*.

enunciados del Derecho Positivo sus valores personales, los valores de la sociedad, del pueblo que representan, admitiendo una sociedad con representatividad en las casas legislativas.

Es el «querer» que antecede al «deber ser», el cual no fue ignorado por Hans Kelsen, pero que lo alejó a través de su corte metodológico. Este «querer» es determinante en la creación de la norma individual y concreta. Este tipo de norma lo estudiaremos posteriormente con mayor profundidad.

Toda interpretación representa, en un último análisis, una reinterpretación de aquella realidad social que ya fue interpretada anteriormente por los creadores del derecho. El Derecho Positivo, en este trabajo, no toma como referencia a los valores personales de cada intérprete: es considerado como derecho legislado, lenguaje objeto de otro lenguaje de supranivel, vale decir, objeto de la Ciencia del Derecho. En otras palabras, esta toma como lenguaje objeto al derecho legislado.

Las diferencias conceptuales son relevantes. Kelsen, ya en su tiempo histórico, afirmaba la existencia de diferencias entre el lenguaje de la Ciencia del Derecho y el lenguaje del Derecho Positivo. Evidentemente, la relación que trazaba entre ambos no adoptaba la misma nomenclatura utilizada en este trabajo. Sin embargo, la idea de disociar dichos lenguajes ya era observada[3]:

> Las oraciones (enunciados) en las que la ciencia jurídica describe esas relaciones, deben distinguirse, en cuanto *enunciados* jurídicos, de las *normas* jurídicas producidas por los órganos de derecho, que deben ser aplicadas por ellos y obedecidas por los sujetos de derecho. Los *enunciados* jurídicos son proposiciones condicionales que expresan que, conforme a un orden jurídico, nacional o internacional, dado al conocimiento jurídico, deben producirse ciertas consecuencias determinadas por ese orden, bajo determinadas condiciones que el orden jurídico determina.
>
> Las *normas* jurídicas no constituyen proposiciones, esto es, enunciados declarativos sobre un objeto dado al conocimiento. Según su sentido, son mandamientos y, en cuanto tales, órdenes, imperativos; pero no solo

En otras palabras, a partir de la enunciación-enunciada del texto jurídico, pretenderemos reconstruir el procedimiento legislativo y la competencia del órgano que lo elaboró, así como el espacio y el tiempo en el que fue producido.

Así, las proyecciones de la enunciación en los enunciados pertenecientes al Derecho Positivo son cuatro: (1) El órgano competente (actuante); (2) el espacio; (3) el tiempo; y (4) el procedimiento (forma) previsto por el ordenamiento jurídico para la producción de sus unidades.

Debemos resaltar que la enunciación-enunciada tan solo se torna un *índice* de algunos de los elementos del acto de la enunciación. En este punto, el cientista del derecho deberá buscar pruebas para verificar si se dio o no la ocurrencia del acto de enunciación en consonancia con lo prescrito por el derecho positivo.

3 Kelsen, Hans. *Teoria Pura do Direito.* 5.ª ed. São Paulo: Martins Fontes, 2003, p. 80.

mandamientos, sino también permisiones y autorizaciones; en ningún caso, empero, pese a lo que a veces se suele afirmar al identificar el derecho con la ciencia del derecho, información instructiva. El derecho ordena, permite, faculta, pero no «informa».

Para finalizar podemos decir que el lenguaje prescriptivo del Derecho Positivo se rige por la lógica deóntica, y se encuentra sometido por los valores «validez» e «invalidez».

Ya hemos fijado el concepto de Derecho Positivo. Ahora analizaremos el concepto que adoptamos de Ciencia del Derecho.

En la misma línea ya sostenida, la Ciencia del Derecho también es una camada de lenguaje. Esta se diferencia del Derecho Positivo porque su lenguaje es descriptivo de situaciones objetivas, vale decir, se encuentra regido por la lógica clásica o apofántica y, también, sometida a los valores de «verdad» y «falsedad».

Los conceptos de «verdad» y «falsedad» dependen, así como cualquier concepto, de aclaraciones. En este trabajo tomamos la acepción de «verdad» como una verdad lógica, vale decir, como la verdad en nombre de la cual se habla.

La Ciencia del Derecho es un lenguaje de supranivel porque tiene al lenguaje del Derecho Positivo como lenguaje objeto, cuyo papel es describirlo, pero sin interferir en él. El trabajo del cientista del derecho es describir el Derecho Positivo y para ello utiliza el proceso de interpretación (que será abordado más adelante). El profesor Paulo de Barros CARVALHO enseña que «el jurista dogmático no debe juzgar las normas del ordenamiento, sino comprenderlas únicamente para describirlas de forma idónea»[4].

Por lo tanto, el Derecho Positivo y la Ciencia del Derecho son camadas de lenguaje distintas y no se confunden porque están regidas por diversas lógicas y sometidas a diversos valores. La primera es un lenguaje del tipo técnico y la segunda del tipo científico, vale decir, esto las hace inconfundibles.

La disociación del texto del Derecho Positivo y de la Ciencia del Derecho, producto del trabajo del intérprete (constructor y aplicador del Derecho), es muy imprescindible para el análisis del tema propuesto.

Ello es así porque el objetivo de este trabajo es defender que todo acto administrativo es producto de un proceso de enunciación, vale decir, es producto de la creación de una norma individual y concreta. Por esta razón, por fuerza de la fenomenología de la incidencia, la clasificación en actos de competencia discrecional, vinculados y conceptos jurídicos indeterminados pierde sentido cuando admitimos que el proceso de incidencia es realizado por un

---

[4] CARVALHO, Paulo de Barros. *Crédito Prêmio de IPI. Estudos e Pareceres III*. 1.ª ed. São Paulo: Manole Editora, 2005, p. 3.

ser humano que promueve la reinterpretación de la norma general y abstracta para seleccionar los acontecimientos del mundo social y juridicizarlos.

2. SISTEMA - CUESTIONAMIENTOS

Si admitimos que el Derecho Positivo y la Ciencia del Derecho son camadas de diferente lenguaje, entonces debemos remitirnos a la cuestión de la organización de estas camadas de lenguaje.

El concepto de sistema, que no es vacío y tampoco unitario, sería el conjunto de elementos relacionados entre sí y sometidos a, por lo menos, un criterio que les atribuya unidad. Este criterio sería denominado criterio de pertinencialidad.

El sistema del Derecho Positivo es un sistema autopoiético. Propone criterios internos y previos para la eliminación de contradicciones, y también prevé internamente la forma cómo el sistema se reproduce, dado que prevé la forma de producción de nuevos elementos, vale decir, nuevas normas.

El sistema autopoiético es aquel que produce su propia organización, conservando la identidad del sistema y, a la vez, haciéndola sufrir transformaciones indispensables para su supervivencia. Es aquel que reproduce sus propios elementos a través de operaciones internas.

Sin embargo, aunque esta posición sea la más difundida, nosotros sostendremos que el Derecho no controla la producción de normas, sino tan solo su producto. Esta idea no es de nuestra autoría. El profesor Tárek Moussallém, en una conferencia realizada en el curso de especialización del COGEAE, realizada el 25 de septiembre del 2007, sostuvo que *el derecho no regula su creación, sino controla el producto creado.*

Este trabajo se desarrolla sobre el siguiente fundamento: las normas son puestas en el sistema por actos de voluntad y a la parte interesada le corresponde promover el control de legalidad de las normas. Este asunto lo abordaremos en el momento oportuno.

La forma sistémica aplicada a la ciencia exige que se respeten las leyes lógicas de la no contradicción, del tercero excluido y de la identidad.

En el caso del sistema del Derecho Positivo (ya admitiendo que lo sea) existen innumerables problemas de orden práctico para reconocerse que dicho sistema está libre de contradicciones. Esta es una consecuencia natural de la cantidad de normas que son producidas diariamente por el legislador. La existencia de normas conflictivas y de principios que colisionan es innegable y de cierta forma insoluble porque admitimos que la norma se produce en la mente del intérprete. Por esta razón, su «producción» no es objeto de un control eficaz.

KELSEN[5], cuando trata sobre los principios lógicos, enseña lo siguiente:

> Particularmente el principio de no contradicción es aplicable a afirmaciones que pueden ser verdaderas o falsas; y una contradicción lógica entre dos afirmaciones consiste en que solo una o la otra puede ser verdadera; situación en la que si una es verdadera, la otra tiene que ser falsa. Sin embargo, una norma no es verdadera ni falsa, sino válida o no válida.

KELSEN afirma que una norma, por no someterse al criterio de verdad o falsedad, no estaría sujeta a la ley lógica de no contradicción, dado que el Derecho Positivo es un sistema sintácticamente cerrado (considerado en un determinado tiempo histórico) y semánticamente abierto. El Derecho Positivo evoluciona de esta forma. Acompaña la evolución de la propia sociedad porque regula las conductas de esta.

Se dice que es sintácticamente cerrado porque versa sobre textos de Derecho Positivo vigentes en un determinado tiempo histórico y en un determinado territorio. Es semánticamente abierto debido a las inagotables interpretaciones posibles, dentro del proceso de generación de sentido, que utiliza los límites de la cultura y que ciertamente sufren alteraciones en el curso del tiempo.

Sin embargo, la Ciencia del Derecho es una forma sistémica que no posee contradicciones, dado que el científico del derecho, en su trabajo de interpretación y construcción de sentido, tiene que eliminar las contradicciones y producir un lenguaje científico donde no haya contradicciones entre sus proposiciones descriptivas.

En la Ciencia del Derecho no puede haber contradicciones y tampoco se debe vulnerar las leyes lógicas del tercero excluido y de la identidad, dado que el discurso perdería su consistencia y su utilidad.

Para finalizar, nos tomamos la libertad de transcribir algunas palabras de Hans KELSEN[6]. Veamos sus enseñanzas:

> (...) el conocimiento del derecho, como todo conocimiento, tiene que pensar conceptualmente su objeto como un todo dotado de sentido, tratando de describirlo en oraciones no contradictorias. Parte del supuesto de que los conflictos normativos que aparezcan dentro del material normativo que le es dado (o más correctamente: que le es propuesto) pueden y tienen que ser disueltos a través de la interpretación.

Ingresando al tema de la interpretación, podemos afirmar que la interpretación crea el derecho (admitiendo que el proceso de positivización parte de las competencias constitucionales) y alcanza su concreción cuando se produce la norma individual y concreta (la determinación tributaria vista como acto administrativo).

---

5 KELSEN, Hans. *Teoria Pura do Direito.* 5.ª ed. São Paulo: Martins Fontes, 2003, p. 229.
6 *Ídem.*

3. EL PAPEL DE LA INTERPRETACIÓN

El Derecho es lenguaje. Creemos que sobre este tema no se presentan mayores dudas. El Derecho (como una manifestación en lenguaje) se expresa a través de la utilización de signos. El signo, como un ente relacional -así entendido como una relación triádica entre el soporte físico, significado y significación, en la denominación de Husserl–, permite que el usuario de aquel lenguaje realice infinitas interpretaciones.

El profesor Paulo de Barros Carvalho[7] afirma que «interpretar es atribuir significaciones a los símbolos, vale decir, adjudicarle significaciones y, a través de estas, referencias a los objetos».

Por lo tanto, la interpretación es un proceso generador de sentido, donde el intérprete, cuando se encuentre en contacto con el texto en sentido estricto, teniendo como límites los horizontes de la propia cultura, alcanzaría los niveles de la interpretación y comprensión.

Karl Larenz[8] enseña que interpretar es una actividad de mediación por la cual el intérprete comprende el sentido de un texto que se le torna problemático.

Se dice que es problemático porque la ley, en general, usa un lenguaje formado por conceptos que no se encuentran rigurosamente determinados, a diferencia de otras ciencias. El texto legal contiene términos cuyo posible significado oscila dentro de un amplio rango y que puede variar según las circunstancias. Además de esto, muchos conceptos jurídicos no están definidos en la ley. Por otra parte, algunas definiciones legales se encuentran incompletas, equívocas o son empleadas en diferentes sentidos.

El ilustre profesor Gregorio Robles[9] enseña que «texto no es solo el texto escrito, sino cualquier realidad susceptible de ser interpretada. Ciertamente todo texto jurídico pertenece a ese tipo de realidad, dado que cualquier texto escrito es susceptible de interpretación».

En este sentido, cualquier realidad es pasible de interpretación. Sin embargo, nunca llegaremos a entender completamente una realidad porque la comprensión es una tarea sin límites. Interpretar es definir nuevamente.

La cuestión se muestra mucho más compleja si entendemos que cualquier interpretación de un texto produce proposiciones acerca de aquel mismo texto.

---

7 Carvalho, Paulo de Barros. *Curso de Direito Tributário.* 19.ª ed. São Paulo: Editora Saraiva, 2007, p. 97.

8 Larenz, Karl, *Metodologia da Ciência do Direito. A interpretação das leis*. 3.ª ed. Lisboa: Fundação Calouste Gulbenkian, 2001, p. 439.

9 Robles, Gregorio. *O Direito como Texto – Quatro Estudos de Teoria Comunicacional do Direito*. São Paulo: Editora Manole, 2005, p. 47.

La *proposición* es la instancia significativa de un enunciado (creación oriunda de la interpretación), mientras que el *enunciado* es el soporte físico, vale decir, la versión en lenguaje de un acontecimiento verificado en el mundo fenoménico.

Dardo SCAVINO[10], citando a Richard RORTY, afirma lo siguiente: «Decir que la verdad no está ahí afuera es simplemente decir que donde no hay proposiciones no hay verdad, que las proposiciones son los elementos de los lenguajes humanos, y que los lenguajes humanos son creaciones humanas».

Cuando se afirma que la interpretación crea la norma se admite que el texto del Derecho Positivo es un mero soporte físico. Sin interpretación, no es más que una tinta en el papel. El derecho legislado es, en un último análisis, una norma válida en el sistema, pero una norma, por sí sola, presupone un mínimo de interpretación.

En este punto reside el papel de la Ciencia del Derecho que, como cualquier ciencia, trata de describir su objeto y lo hace a través del lenguaje. En realidad, cuando se interpreta se aplica el derecho; su concreción depende del proceso de interpretación, sin el cual no hay norma, sino tan solo tinta en el papel, sin utilidad.

Admitir que con la interpretación se crea y aplica el derecho es fundamental para que entendamos el papel del intérprete, del aplicador del derecho, de aquel electo por la norma general y abstracta como competente para la creación de la norma individual y concreta.

La cuestión de la interpretación será abordada con más profundidad en un capítulo propio, pero para que se entienda lo que pretendemos transmitir debemos realizar una breve introducción del asunto.

Este «agente», calificado legalmente como apto para insertar una norma válida en el sistema, al encontrarse con un hecho social, analizará el Derecho Positivo y verterá en lenguaje la ocurrencia de aquel hecho que se subsume en el antecedente de la norma general y abstracta, haciendo nacer el vínculo abstracto deóntico (la creación de la relación jurídica prevista en el consecuente).

KELSEN, transcribiendo un interesante fragmento del capítulo VIII de la Teoría Pura del Derecho[11], trata sobre el papel de la interpretación:

> Cuando el derecho es aplicado por un órgano jurídico, este necesita fijar el sentido de las normas que aplicará, tiene que interpretar estas normas. Por lo tanto, la interpretación es una operación mental que acompaña al proceso de aplicación del Derecho al transitar de un escalón superior hacia un escalón inferior.

---

[10] SCARVINO, Dardo. *Filosofía Actual: Pensar sin Certezas*. Buenos Aires: Ediciones Paidós Ibérica, 1999, p. 37.

[11] KELSEN, Hans. *Teoria Pura do Direito*. 5.ª ed. São Paulo: Martins Fontes, 2003, p. 387.

Por lo tanto, aplicar el Derecho es interpretarlo y toda interpretación jurídica tiene como soporte el lenguaje del Derecho Positivo. Por esta razón, cuando comprendamos la ambigüedad y la vaguedad de los signos, comprenderemos que todo lenguaje es pasible de interpretaciones personales, vale decir, la norma individual y concreta será el producto de estas oscilaciones interpretativas.

CAPÍTULO 2

NORMAS Y PRINCIPIOS - SISTEMA SINTÁCTICAMENTE HOMOGÉNEO Y SEMÁNTICAMENTE HETEROGÉNEO

1. CONCEPTO DE NORMA

En el capítulo anterior se analizó el papel de la interpretación como la única forma de aplicar el derecho, dado que el derecho legislado (como producto de la actividad legislativa) es un mero conjunto de fonemas y grafemas o simples enunciados prescriptivos que necesitan de la interpretación para que tengan sentido, vale decir, para que se atribuya sentido a sus enunciados.

Si adoptamos el concepto de enunciado como el producto del proceso de enunciación, el texto del Derecho Positivo no es aplicable, vale decir, no alcanza a las conductas intersubjetivas y no permite la realización del derecho.

Ningún lenguaje alcanza a su objeto y el Derecho Positivo (como lenguaje) no alcanza a las conductas humanas intersubjetivas.

La norma no se confunde con esos enunciados de Derecho Positivo. La «norma» sería la instancia proposicional de los textos de Derecho Positivo, vale decir, algo que se produce en la mente del intérprete cuando tiene contacto con esos soportes físicos.

La norma no es algo físico, dado que se produce en la mente. Es una construcción de cada intérprete y la comprensión de esta premisa orientará la comprensión de este trabajo en su totalidad.

Gregorio Robles[12] define a la norma jurídica como una proposición lingüística que pertenece a un sistema de proposiciones que expresa un ordenamiento jurídico, y que está dirigida (por su sentido) directa o indirectamente a orientar la acción humana.

---

[12] Robles, Gregorio. *O Direito como Texto - Quatro Estudos de Teoria Comunicacional do Direito*. São Paulo: Editora Manole, 2005, p. 10.

El mismo autor también enseña lo siguiente[13]: «La norma no tiene sentido si no está en el sistema, del cual es una unidad elemental. El sistema y la norma son términos entrelazados: cuando se piensa en uno, se piensa necesariamente en el otro».

La legislación es tinta en el papel, dado que es el producto del trabajo del legislador. La norma es una proposición que resulta de los enunciados del Derecho Positivo. Por esta razón, las proposiciones normativas son productos de operaciones mentales, de inferencias, no habiendo una «norma implícita» o «norma explícita». Por lo tanto, todas las normas son «implícitas».

Sin embargo, incluso las normas implícitas poseen estructuras mínimas para que puedan ser comprendidas en su integridad y para que el mensaje deóntico sea transmitido. Analicemos la estructura de las normas en sentido amplio y en sentido estricto.

1.1. Norma en sentido amplio

Del concepto de norma como instancia proposicional de los enunciados del Derecho Positivo resulta lógicamente que el intérprete tiene que construir el sentido de dicha norma.

En este punto debemos realizar una advertencia: el Derecho Positivo es un sistema de lenguaje compuesto tan solo por normas. Todos sus elementos son normas. Sin embargo, no todas las normas de este sistema tienen una idéntica estructura lógica.

Adoptar el sistema del Derecho Positivo como unitario exige que abandonemos la dicotomía de «reglas y principios» o «normas y principios», puesto que partimos del siguiente presupuesto: tan solo existen normas en sentido amplio y normas en sentido estricto. ¡Tan solo normas!

La norma en sentido amplio será considerada como todo enunciado del Derecho Positivo, sintácticamente bien construido y con sentido, que permitirá la extracción de proposiciones normativas.

Un ejemplo puede ser extraído del texto constitucional. El artículo 5, inciso primero, de la Constitución Brasileña prescribe que los hombres y mujeres son iguales ante la ley[14].

---

13 *Ídem.*

14 Art. 5. Todos son iguales ante la ley, sin distinción de ninguna naturaleza, garantizándose a los brasileños y a los extranjeros residentes en el país la inviolabilidad del derecho a la vida, a la libertad, a la igualdad, a la seguridad y a la propiedad, en los términos siguientes:
I. Hombres y mujeres son iguales en derechos y obligaciones, en los términos de esta Constitución (...).

En este enunciado (sintácticamente bien construido) no hay una norma completa, vale decir, el mensaje deóntico no está completo. Sin embargo, se trata de una norma que deberá contribuir en la construcción del sentido de otras normas y será utilizada en la interpretación sistémica, dado que forma parte del derecho legislado, vale decir, del conjunto del Derecho Positivo. Es un elemento del sistema, vale decir, del sistema de normas.

El profesor Paulo de Barros CARVALHO denomina a las «normas en sentido amplio» como «enunciados prescriptivos»[15] porque les reconoce la prescriptividad, pero también la ausencia de un mensaje deóntico que le permita vincularlo a una sanción.

Por esta razón, adoptamos la clasificación que divide a las normas en *normas en sentido amplio* y *normas en sentido estricto.*

1.2. Norma en sentido estricto

Las normas en sentido estricto son aquellas normas que tienen el mensaje deóntico completo. ¡Expliquemos!

No olvidemos que el lenguaje del Derecho Positivo es regido por la lógica deóntica y que existe un «mínimo irreductible de lo deóntico», nombrado de esta forma por el profesor Paulo de Barros CARVALHO. Este magnífico profesor enseña que las normas jurídicas son «significaciones construidas a partir de los textos positivados, y estructuradas según la forma lógica de los juicios condicionales, compuestos por la asociación de dos o más proposiciones prescriptivas»[16].

La asociación de dos o más proposiciones prescriptivas atribuiría a la norma en sentido estricto la estructura lógica del condicional, donde hay un antecedente y un consecuente, unidos por el vínculo abstracto del «deber ser».

En formas lógicas, tendremos lo siguiente: $p \rightarrow q$. En un lenguaje desformalizado, se podría leer lo siguiente: «si p, entonces q».

La «p» es el antecedente de esta norma, vale decir, un hecho de posible ocurrencia en el mundo fenoménico que es elegido por el legislador como apto para desencadenar la fenomenología de la incidencia tributaria. Esta incidencia es entendida como la unión de dos operaciones lógicas: la subsunción y la implicación.

En el antecedente se encuentra la previsión normativa abstracta (un enunciado connotativo que fija criterios para que la operación de inclusión de clases llamada subsunción pueda ocurrir, a través de la actividad humana).

---

15 CARVALHO, Paulo de Barros. *Direito Tributário - Fundamentos Jurídicos da Incidência.* 3.ª ed. São Paulo: Saraiva, 2004, p. 24.

16 *Ídem.*

A la «q» se denomina consecuente. Aquí se encuentra prescrita la relación jurídica que nacerá de manera automática e infalible, siempre que el hecho jurídico previsto en el antecedente sea vertido en lenguaje.

La unión de ambas proposiciones normativas formará el operador condicional, que en la lógica trata de asociar un antecedente a un consecuente, vale decir, une dos proposiciones prescriptivas a través de un vínculo abstracto, puesto por la norma, debido a la voluntad del hombre.

Este vínculo abstracto es la *causalidad jurídica* que, a diferencia de la *causalidad física*, atribuye efectos normativos a una determinada proposición también normativa.

De esta forma funciona el Derecho. Por fuerza de la voluntad normativa se atribuyen consecuentes a ciertos antecedentes. A las normas se les atribuyen sanciones. A los hechos jurídicos se les atribuyen relaciones jurídicas inexorables.

El profesor Lourival VILANOVA afirma lo siguiente sobre la causalidad jurídica:

> El sistema jurídico selecciona, con base en el criterio de valoración adoptado en él, los efectos que son jurídicamente relevantes para integrar la clase de los resultados (o eventos en sentido jurídico-penal). Hay una tipificación del efecto y también hay una tipificación de los antecedentes causales. En otras palabras, incluso la causalidad natural, ingresando en el sistema jurídico, se juridiciza. Entra en el sistema a través de normas, elaboradas por las fuentes formales o dogmáticas del sistema[17].

Por lo tanto, las normas en sentido estricto son las normas que tienen la estructura deóntica mínima de un condicional, donde a un antecedente se le vincula un consecuente a través del vínculo abstracto de implicación normativa.

KELSEN[18] enseña lo siguiente sobre la implicación normativa (puesta por voluntad de la norma o también denominada causalidad jurídica):

> El enunciado jurídico no dice, como la ley natural, que si se produce el hecho A, entonces aparece el hecho B, sino que si se produce el hecho A, el hecho B es debido, aunque quizás B no se produzca en la realidad. Que el significado de la relación de los elementos en el enunciado jurídico sea diferente del enlace de los elementos en la ley natural, remite a que el enlace que se expresa en el enunciado jurídico ha sido establecido por la autoridad jurídica, vale decir, por una norma instaurada mediante un acto de voluntad, mientras que la conexión entre la causa y el efecto que se enuncia en la ley natural es independiente de toda intervención semejante.

---

17 VILANOVA, Lourival. *Causalidade e Relação no Direito*. 4.ª ed. São Paulo: Editora Revista dos Tribunais, 2000, p. 62.

18 KELSEN, Hans. *Teoria Pura do Direito*. 5.ª ed. São Paulo: Martins Fontes, 2003, p. 86.

1.3. «*Norma general y abstracta*» y «*norma individual y concreta*»

Ya hemos desarrollado los conceptos de norma en sentido amplio y norma en sentido estricto. Ahora diferenciaremos los tipos de normas en sentido estricto: Las *normas generales y abstractas* y las *normas individuales y concretas*.

Más adelante trataremos sobre el proceso de positivización del derecho y la fenomenología de la incidencia tributaria, pero lo haremos desde la óptica adoptada en este trabajo. Sin embargo, antes debemos diferenciar los tipos de normas en sentido estricto, vale decir, las normas que poseen la estructura completa para la comprensión del intérprete.

La norma general y abstracta es la previsión hipotética del texto del Derecho Positivo, sin marcas de espacio y tiempo, donde hay una hipótesis (que trae criterios para que el proceso de inclusión de clases ocurra, vale decir, la subsunción) y un consecuente (que prescribe una relación jurídica hipotética, que nacerá de forma automática e infalible cuando sea vertida en lenguaje la ocurrencia del hecho previsto en la hipótesis). En la norma general y abstracta las prescripciones se proyectan hacia el futuro.

La profesora Fabiana Del Padre TOMÉ[19] define de excelente manera las normas generales y abstractas. Veamos sus enseñanzas:

> Las normas generales y abstractas, cuyo típico ejemplo son las normas introducidas en el cuerpo de la ley, no actúan directamente sobre las conductas intersubjetivas, debido a su generalidad y abstracción. Es necesario que se emitan otras reglas, orientadas de forma más directa a los comportamientos de las personas, a través de lo que se denomina positivización del derecho, para obtener una mayor aproximación a los hechos y a las acciones reguladas. Con fundamento en las normas generales y abstractas se construyen las normas individuales y concretas, determinando que en virtud de la ocurrencia de un cierto hecho jurídico nace la relación en la que un sujeto de derecho S' tiene una obligación, prohibición o permiso ante otro sujeto S».

Por lo tanto, la norma general y abstracta no actúa directamente sobre las conductas intersubjetivas. La norma general y abstracta es el punto más alto del proceso de positivización del derecho, de donde parte la positivización y hacia donde retorna la fundamentación. Son normas que sirven como fundamento de validez para la construcción de normas individuales y concretas. Estas normas (las individuales y concretas) sí aplican el derecho (creándolo).

Las normas individuales y concretas traen en su antecedente la acción de un ser humano (hecho jurídico) y son el resultado de la interpretación de

---

[19] TOMÉ, Fabiana Del Padre. *A Prova no Direito Tributário*. 1.ª ed. São Paulo: Editora Noeses, 2005, p. 29.

otro ser humano (distinto al que creó la norma general y abstracta). Para su aplicación toman como base una norma general y abstracta, a través del proceso de creación del derecho. Por medio de esta aplicación se inserta en el sistema una norma con marcas de espacio y tiempo, individualizando la ocurrencia del hecho jurídico que fue descrito en esa *norma general y abstracta* y desencadenando el nacimiento de una relación jurídica también individualizada entre dos sujetos distintos. Son enunciados que apuntan hacia el pasado, vale decir, hacia un hecho que ya ocurrió y es relatado en lenguaje.

Debemos advertir que también existen *normas generales y concretas*, así como *normas individuales y abstractas*. Por ejemplo, la norma que inserta otra noma en el sistema es una *norma general y concreta*.

La *norma general y abstracta* prevé situaciones futuras y su hipótesis está proyectada hacia la ocurrencia de cualesquier hechos que cumplan las notas prescriptivas contenidas en ella, mientras que la *norma individual y concreta* relata una realidad identificada, a través de las marcas de espacio y tiempo, individualizando un determinado acontecimiento que fue seleccionado de la realidad social.

Los conceptos de *norma general y abstracta* y *norma individual y concreta* son de gran importancia porque (del tránsito de la primera norma hacia la segunda) existe la acción de un ser humano, y esta interpretación que ocurre en este proceso de positivización comprueba que no hay proceso de incidencia sin la interpretación humana.

En realidad, tanto la *norma general y abstracta* y la *norma individual y concreta* son productos de los procesos de enunciación, vale decir, son productos de la acción humana. Sin embargo, para los límites de este trabajo, debemos analizar el proceso de positivización del derecho para que podamos confirmar que el control previo de la norma insertada válidamente en el sistema se encuentra ausente.

2. REGLA MATRIZ DE INCIDENCIA: NORMA JURÍDICA TRIBUTARIA EN SENTIDO ESTRICTO

Hasta este momento hemos establecido algunas premisas que son aplicables para todos los campos del Derecho. Admitiremos la escisión para fines meramente académicos.

En este momento ingresaremos en el estudio del campo tributario: analizaremos la regla matriz de incidencia tributaria (RMIT).

La regla matriz de incidencia tributaria es una norma jurídica tributaria en sentido estricto. En otras palabras, es una norma que reúne el mínimo de información para que sea construida la norma en sentido estricto de cada tributo.

Para cada tributo solo existe una regla matriz de incidencia, que es el resultado de la construcción del intérprete sobre los textos del Derecho Positivo. Se orientan sobre estos textos y se construyen las proposiciones prescriptivas necesarias que permiten la mínima comprensión de la exacción que se analiza.

La regla matriz de incidencia es, por su naturaleza, una norma general y abstracta. En esta norma no se hace referencia de forma concreta al espacio y tiempo, dado que es una mera previsión hipotética cuya validez no se altera por la verificación empírica o no de su antecedente.

En este punto reside una importante conclusión: «El lenguaje del Derecho Positivo es prescriptivo, lo que nos permite concluir lo siguiente: habrá validez con independencia de la constatación de la ocurrencia de las previsiones hipotéticas en el mundo fenoménico».

El antecedente de la regla matriz de incidencia tributaria está compuesto por tres criterios: material, espacial y temporal.

El criterio material está dotado de un verbo asociado a un complemento, tomándose en cuenta que este criterio está vinculado a un comportamiento humano. El criterio temporal contiene las prescripciones necesarias para determinarse el tiempo en el que la ocurrencia de aquel criterio material pasa a ser relevante para el Derecho. El criterio espacial produce idénticos efectos, dado que determina el espacio donde aquella ocurrencia será considerada como relevante.

En el consecuente tenemos dos criterios y cada uno de ellos tienen dos elementos. El criterio personal contiene las indicaciones abstractas para la identificación del sujeto activo y pasivo de la exacción.

Los elementos que tiene el criterio cuantitativo (para que se realice la cuantificación del tributo que será pagado) son la fijación de la alícuota y la base de cálculo. Es un criterio de suma importancia, pero con esta afirmación no queremos decir que los otros no lo sean, sino que el tributo es una prestación pecuniaria compulsoria. Por lo tanto, la cuantificación del monto que será pagado es de fundamental relevancia.

Se debe advertir que todos los criterios de la regla matriz de incidencia tributaria son indispensables para la correcta comprensión del mensaje deóntico. Si uno de estos criterios estuviese ausente, no se podrá determinar el alcance completo de la norma jurídica en sentido estricto tributaria.

Algunos doctrinadores entienden que habría más criterios en la regla matriz de incidencia, como por ejemplo la fecha del pago. Sin embargo, trabajamos con la idea de criterios mínimos.

Se debe esclarecer que la norma jurídica en sentido estricto tiene, uniendo la proposición antecedente y la proposición consecuente, un «deber ser» neutro, puesto por la voluntad del hombre: es el «deber ser» interproposicional. Sobre esta imputación, que es una operación lógica, KELSEN[20] enseña lo siguiente:

> Pero, por sobre todo, debe advertirse que la imputación jurídica enlaza otros dos hechos: no el acto productor de derecho con la conducta conforme a derecho, sino el hecho determinado por el orden jurídico como condición con la consecuencia determinada por él. La atribución imputativa es, como la causalidad, un principio ordenador del pensamiento humano y, en consecuencia, tan poco ilusión, o tan ilusión o ideología como aquella que, para hablar con Hume o Kant, solo es un hábito del pensamiento, o una categoría del intelecto.

Además del «deber ser» neutro, que enlaza la proposición antecedente y la proposición consecuente, existe en la norma jurídica tributaria en sentido estricto otro «deber ser» que está previsto en el consecuente de la norma.

Este «deber ser» intraproposicional no es neutro, sino modalizado con uno de los tres, y tan solo tres, modales deónticos: obligatorio, prohibido y permitido.

La relación jurídica prescrita en el consecuente será modalizada por uno de los tres modales, que relacionará a los sujetos de derecho previstos en la regla matriz.

3. SUPRAPRINCIPIOS

No olvidemos que partimos de la siguiente premisa: el Derecho Positivo es un conjunto de normas, de enunciados prescriptivos orientados a la conducta humana intersubjetiva, que pretende implantar valores.

Vale decir, el Derecho Positivo es un conjunto compuesto tan solo por normas.

También hemos afirmado que las normas no son textos de Derecho Positivo, vale decir, tinta en el papel (que es producto de la actividad del legislador).

La norma es una proposición normativa, vale decir, es una instancia proposicional de los enunciados de derecho positivo. La norma es una construcción del intérprete, vale decir, es producto de una operación mental (implícita).

Fundamentados en estas premisas, trataremos de definir el concepto de principios. ¿Qué son los principios?

---

20 KELSEN, Hans. *Teoria Pura do Direito.* 5.ª ed. São Paulo: Martins Fontes, 2003, p. 115.

Para que podamos responder esta pregunta de forma coherente, como todo lenguaje científico pretende ser, se deben respetar todas las premisas que se establecieron hasta aquí.

En este sentido, la única respuesta posible sería la siguiente: los principios también son normas, dado que componen el conjunto del Derecho Positivo.

Los principios son normas en sentido amplio, vale decir, deben ser considerados para la construcción de otras normas.

El profesor Roque CARRAZZA[21] afirma que principio jurídico es un enunciado lógico, implícito o explícito, que por su gran generalidad ocupa una posición de preeminencia en los vastos cuadrantes del Derecho, y, por eso mismo, vincula, de modo inexorable, la comprensión y la aplicación de las normas jurídicas que se conectan con él.

Denominamos principios a aquellas normas que representan «valores» fundamentales del sistema. Son normas para las cuales todas las otras deben converger, vale decir, hacia la cual toda interpretación debe orientarse.

Ya hemos afirmado que el «valor» que será considerado para el desarrollo del tema sería el valor insertado en el Derecho Positivo cuando se realiza su proceso de enunciación. No podría haber «valor» interpretativo, vale decir, valoraciones personales sobre las normas del sistema.

Manteniendo la propuesta de coherencia interna, el «valor» al cual nos referimos en esta parte del trabajo es exactamente el valor que surge en el proceso de positivización, dado que es el valor «normatizado». Los principios son normas que representan valores, pero no olvidemos que son normas, vale decir, componen el sistema del Derecho Positivo.

Los principios pueden ser reconocidos como «valores» o «límites objetivos» a la actividad del legislador o intérprete.

Como «valores», muchas veces se presentan sin ninguna relación con los enunciados prescriptivos directos. En otras palabras, muchas veces no están «expresados» directamente en los textos del derecho positivo.

Como «límites objetivos», se encuentran claros y «expresos»: por ejemplo, el principio de anterioridad previsto en la Constitución Federal (CF).

Abriendo un paréntesis en esta parte del trabajo, debemos mencionar el importante trabajo desarrollado por el profesor Miguel REALE[22] sobre la teoría

---

21 CARRAZZA, Roque Antônio. *Curso de Direito Constitucional Tributário*. 19.ª ed. São Paulo: Malheiros Editores, 2002, p. 33.

22 Los elementos acerca de los valores son los siguientes: a) Bipolaridad; b) implicación recíproca; c) referibilidad; d) preferibilidad; e) incomensurabilidad; f) tendencia a la graduación jerárquica; g) objetividad; h) historicidad; i) inagotabilidad; y j) atributividad.

de los valores, donde fueron identificadas nueve características mínimas para que un «valor» sea reconocido. A estas nueve características, el profesor Paulo de Barros CARVALHO incrementa otras cinco[23]. Este no es el objetivo principal de este trabajo, pero advierto que estas enseñanzas fueron muy importantes en la elaboración del presente libro.

Por lo tanto, los principios son normas jurídicas en sentido amplio. Ejercen una fuerza centrípeta, atrayendo al intérprete y al legislador, en la ejecución de sus trabajos, para que la producción de las normas mantenga la coherencia sistémica y el respeto a las normas de mayor relevancia y contenido axiomático del sistema.

El desarrollo y la delimitación del concepto de principios es fundamental para que nos mantengamos fieles a las premisas fijadas y, también, se pueda esclarecer las denominaciones que serán utilizadas en este trabajo. Algunos principios serán utilizados para que se pueda evidenciar nuestro objetivo, aunque no sean el punto central del tema.

---

[23] Citemos el fragmento de su libro «Derecho Tributario, Lenguaje y Método», que está siendo publicado en la editorial Grijley:

Miguel REALE, desvinculando los valores de los objetos ideales, logró dar un *status* autónomo a la axiología o teoría de los valores. En las lecciones del iusfilósofo, que sigue la senda de Hessen, se afirma que hay rasgos que señalan la presencia de valores, que permiten identificarlos en contraste con entidades próximas. Son los siguientes: a) La bipolaridad, tan solo posible entre los objetos metafísicos y culturales, es una marca obligatoria de los valores. Donde exista un valor, habrá, como contrapunto, el desvalor, de tal modo que los valores positivos y negativos se implican mutuamente; de ahí b) la implicación recíproca. El tercer rasgo c) es la necesidad de sentido o referibilidad, que significa que el valor conlleva siempre una toma de posición del ser humano ante alguna cosa, a la que está referido. Además, las estimativas son d) entidades vectoriales que apuntan hacia una dirección determinada, hacia un fin, denunciando, con ello, la preferibilidad. Por otro lado, e) al no ser pasibles de medición, los valores son inconmensurables, pero f) presentan una fuerte tendencia a la graduación jerárquica, lo que expresa la inclinación a acomodarse de forma escalonada, cuando se encuentran en una relación mutua, tomando como referencia al mismo sujeto axiológico. El hecho de que no puedan ser medidos muestra la flagrante incompatibilidad entre el reconocimiento de las estimativas y su medición, sea cual sea el modelo adoptado. Por lo tanto, por inconmensurabilidad se entiende un sinsentido semántico que representaría establecer proporciones de medida a los valores. Además de las características recordadas, g) los valores siempre requieren objetos de la experiencia para asumir objetividad en ellos. No se revelan sin algo que los soporte y sin una o más consciencias a las que se refieran. La objetividad es una consecuencia de la particular condición ontológica de los valores. Si ellos se configuran como cualidades adherentes, que los seres humanos predican de los objetos (reales e ideales), requerirán, invariablemente, la presencia de esos mismos objetos. Denominamos «objetividad» a este atributo que es intrínseco a todos los valores, a pesar que su verificación cognoscitiva se procese más emocional que racionalmente.

Sobre la composición lógica de los valores, es preciso decir que h) estos se van construyendo en la evolución del proceso histórico y social, lo que les da el sello de historicidad.

En efecto, los valores no caen del cielo, sino se van depositando, gradualmente, a lo largo de la trayectoria existencial de los hombres. Por lo tanto, el elemento de la historicidad en los valores significa que no aparecen de la nada, de un momento a otro, tratándose de una particularidad importante que integra su estructura lógica. Otra característica sería i) la inagotabilidad, dado que en todo momento se exhibe que los valores siempre exceden a los bienes en los que se objetivizan. Aunque lo bello sea insistentemente atribuido a una obra de arte, este valor estético se podrá atribuir a otros objetos del mundo. Esta transcendencia es propia de las estimativas, de modo que el bien en el que el valor se manifiesta no consigue contenerlo, aprisionarlo, evitando su expansión hacia los múltiples sectores de la vida social.

Como una marca en la configuración sintáctica o lógica de los valores, conviene mencionar la j) atributividad, que es un aspecto muy relevante que enaltece el acto de valoración, dejando encendido el recuerdo de que los valores son preferenciales por núcleos de significación o centros significativos que expresan una preferencia por ciertos contenidos de expectativa, como ya se ha referido anteriormente. Al mismo tiempo, acentúa el carácter de no indiferencia de un sujeto o de una consciencia motivada, ante algo que esté delante. Es una relación entre el agente del conocimiento y el objeto, de forma que el sujeto, movido por una necesidad, no se comporta con indiferencia, atribuyéndole cualidades positivas o negativas.

La (k) indefinibilidad comparece como un elemento que refuerza a los valores, dado que no pueden ser circunscritos semánticamente. Una actitud exegética inalcanzable en el transcurso de la propia naturaleza del objeto-valor. Es imposible trazar o señalar con objetividad los límites de los valores. Su determinación depende del punto de vista adoptado por quien lo enuncia (ideología). No se puede producir una enunciación clara y concisa de las propiedades que lo determinan y lo establecen en términos únicos, uniformes o individuales. Ello tan solo ocurre al teorizar los valores en cuanto valores, dilucidando, una a una, sus características. Sin embargo, si se escoge un valor, como la *seguridad jurídica*, la actitud de definirlo en términos tópicos es inalcanzable. Cada uno hablará sobre su concepto de seguridad jurídica, que puede ser de la más diversa orden, sin caerse en incorrecciones semánticas. Aquí tenemos la indefinibilidad de los valores que revigorizan la necesidad del pensar sin certezas, tan bien recordado por Dardo SCAVINO en su *Filosofía Actual*.

Para concluir la relación, que ya es muy larga, podemos decir que también encontramos la (l) vocación de los valores para expresarse en términos normativos. Recordemos que los valores, en el Derecho, son enunciados deónticos prescriptores de conductas, prescindiendo de la configuración lógica de las unidades normativas (norma, aquí, en el sentido estricto).

Se observa que cuando el intérprete se depara con los valores es llevado, necesariamente, a ese mundo de subjetividades. Estos valores se entrelazan y forman redes cada vez más complejas que dificultan la percepción de la jerarquía y convierten el análisis en una función de las ideologías de los sujetos cognoscentes.

El modo de comprender a los valores, por ser indefinibles, es la m) asociatividad, vale decir, a través de las asociaciones mentales llegamos al dominio satisfactorio de su contenido. La idea del valor a la que pretendemos tener acceso se va formando, lentamente, en nuestro espíritu, hasta alcanzar el nivel que la intuición emocional recomendase.

De hecho, conviene insistir que n) el ingreso en el mundo de los valores siempre se realiza a través de las emociones. Vale decir, cuando dejamos vibrar nuestros sentimientos surgirán las nociones y, asociativamente, se estructurarán para componer manifestaciones axiológicas expresivas.

De forma sucinta, para que podamos retener en la memoria estas informaciones sintácticas sobre los valores, veamos el listado de los catorce elementos mencionados, sin que el orden signifique alguna predominancia de unos frente a los demás.

a) Bipolaridad;
b) Implicación recíproca;
c) Referibilidad;
d) Preferibilidad;
e) Inconmensurabilidad;
f) Tendencia a la graduación jerárquica;
g) Objetividad;
h) Historicidad;
i) Inagotabilidad;
j) Atributividad;
k) Indefinibilidad;
l) Vocación de los valores para expresarse en términos normativos;
m) Asociatividad; y
n) El ingreso en el mundo de los valores siempre se realiza a través de las emociones.

CAPÍTULO 3

ACTO ADMINISTRATIVO - CONCEPTOS ESENCIALES

Hasta ahora hemos trabajado con conceptos generales del Derecho, dado que queríamos fijar nuestras premisas y exponer la sustentación del raciocinio. Ya hemos hablado sobre las normas, principios, Ciencia del Derecho, Derecho Positivo y el papel de la interpretación en la creación del derecho.

También hemos realizado breves consideraciones sobre la regla matriz de incidencia tributaria, cuando ingresamos en el concepto propio del Derecho Tributario.

Nuestro trabajo tiene una naturaleza «híbrida», por así decir, porque transita desde el Derecho Tributario al Administrativo. En este capítulo nos dedicaremos a este último: el Derecho Administrativo.

Toda norma en sentido estricto tributaria (norma individual y concreta) es, antes de ser «tributaria», un acto administrativo. Esto es así porque, modernamente, se concluyó que la determinación tributaria (norma individual y concreta que materializa la incidencia) es un acto, procedimiento y norma.

Como acto jurídico administrativo, la determinación tributaria inserta en el ordenamiento jurídico una norma individual y concreta: en el antecedente se encuentra el relato del evento tributario, estableciéndolo como hecho.

En el consecuente se prescribe el vínculo que nace uniendo a dos sujetos en torno a una prestación pecuniaria. Visto en su integridad, presenta un carácter declarativo del hecho y constitutivo de la relación, aunque podamos concluir que lo declarativo del hecho representa su propia constitución, en el plano de las objetividades, apareciendo exactamente así para el conocimiento jurídico.

Por lo tanto, para comprender de mejor forma la sistemática de un acto administrativo, debemos estudiarlo desde la perspectiva de nuestras premisas, dado que son válidas para todas las ramas del Derecho.

1. CONCEPTO DE ACTO ADMINISTRATIVO - HECHOS JURÍDICOS ADMINISTRATIVOS

Para comprender el concepto de acto administrativo, en primer lugar, debemos realizar la distinción entre hechos jurídicos y actos jurídicos, dado que tiene una gran relevancia para el Derecho Administrativo.

La doctrina tradicional afirma que los actos jurídicos se encuentran incluidos en la clase de los hechos jurídicos. Los actos serían imputables a la acción humana, mientras que los últimos provendrían de los acontecimientos naturales, que no dependen del hombre o que dependen de él solo indirectamente; por ejemplo, el control de señales de tránsito por ordenador.

Celso Antônio Bandeira de Mello[24] nos enseña que el acto administrativo es un acto jurídico que se encuentra dentro del género hecho jurídico, que son cualesquier acontecimientos a los que el Derecho imputa efectos jurídicos.

Por lo tanto, la doctrina administrativa afirma que los hechos jurídicos se diferencian de los actos jurídicos, dado que los primeros vendrán a ser el género y los últimos son especies de este género.

Debemos realizar una importante advertencia válida para nuestro raciocinio: debemos diferenciar los «eventos» de los «hechos».

Los eventos son acontecimientos en el mundo fenoménico, vale decir, son «aquello sobre lo que hablamos». Cuando estos eventos son vertidos en un lenguaje, cualquiera que sea él, se convierten en hechos.

Respecto al tema, la profesora Maria Rita Ferragut[25] nos enseña lo siguiente:

> Los eventos, objetos de la experiencia, son todo aquello acerca de lo que hacemos afirmaciones o emitimos enunciados. Ocurren siempre en el pasado, y por eso solo es posible retornar a ellos a través de los recuerdos. Para que puedan ser compartidos, se requiere un lenguaje que los describa.

En este sentido, los eventos no representan nada para el mundo del Derecho (no existen). El Derecho trabaja con la realidad constituida por hechos, vale decir, con el lenguaje que relata la ocurrencia de eventos.

En realidad, fundamentados en la filosofía del lenguaje, también se puede afirmar que los eventos no representan ninguna cosa en la realidad social. Esta conclusión es muy útil para este trabajo y debe ser comprendida dentro de este contexto.

---

24 Mello, Celso Antônio. *Curso de Direito Administrativo*. 26.ª ed. São Paulo: Malheiros Editores, 2009, p. 232.

25 Ferragut, Maria Rita. *Presunções no Direito Tributário*. 2.ª ed. Quartier Latin, p. 53.

JAKOBSON considera que no hay comunicación sin contexto. El proceso comunicacional estaría compuesto por un emisor, receptor, código, mensaje, canal y contexto. Por lo tanto, la afirmación de que el evento nada representa debe ser comprendida en este contexto.

El lenguaje constituye la realidad y, dentro de esta orientación filosófica, no es posible concebir el evento como algo por sí solo. WITTGENSTEIN[26], en su obra *Tratactus Logicus Philosophicus*, enseñaba que los límites del mundo son los límites del lenguaje.

En nuestra comprensión, la frase «el lenguaje constituye la realidad» se opera sobre el siguiente esquema:

En «**S1**» no existe «realidad» porque está ausente cualquier lenguaje. Se trata de «eventos» no vertidos en lenguaje, donde no hay siquiera «hecho» o «enunciado».

En «**S2**» tenemos la realidad constituida en lenguaje, por medio de los hechos sociales. Se trata de «hechos» que solo serán jurídicamente relevantes si están previstos en la hipótesis de alguna norma jurídica y vertidos en el lenguaje competente previsto por el Derecho.

26 WITTGENSTEIN. Ludwig. *Tractatus Logico-Philosophicus*. 3.ª ed. Traducción de Luiz Henrique Lopes dos Santos. São Paulo: Edusp, 1999.

Esta afirmación es coherente con el raciocinio de Charles Sanders Peirce. Este autor afirma que la realidad tiene como objeto, en cuanto signo, algo inmediato, que no es lo «real» propiamente dicho, sino la interpretación de este «real». Admitir una interpretación es admitir la versión en lenguaje, que presupone la existencia del «hecho».

En «**S3**» tenemos el sistema del Derecho Positivo, que no solo exige el lenguaje, sino también el lenguaje competente y prescrito por el propio Derecho capaz de insertar una norma válida en el sistema.

Dentro de esta perspectiva, los llamados «hechos jurídicos», definidos en el Derecho Administrativo como eventos materiales o conductas humanas, voluntarias o involuntarias, bastando que el Derecho les atribuya efectos para que sean calificados como hechos jurídicos, deben ser entendidos desde la óptica de esta dicotomía: hecho-evento.

En este sentido, la interrogante es la siguiente: ¿Estos meros «eventos» o «conductas humanas», con relación a las cuales el Derecho atribuye efectos, son «jurídicos» a partir de qué momento para el sistema del Derecho Positivo?

Expliquemos la relevancia: un hecho solo será jurídico si está previsto en la hipótesis de una *norma general y abstracta* y de este análisis se verificará si hay una perfecta idoneidad de las notas mínimas descritas en aquella norma con el hecho (el evento vertido en lenguaje). Nada ingresa en el mundo del Derecho si no lo hace a través de la «puerta» de la hipótesis, vale decir, a través del antecedente que califica normativamente lo fáctico[27].

Así, podemos adaptar los conceptos administrativos para afirmar que el hecho jurídico es un comportamiento humano voluntario o involuntario, al cual el Derecho le atribuye efectos, siempre que este comportamiento sea vertido en el lenguaje competente del derecho. Un hecho social solo será calificado como jurídico a través del lenguaje adecuado, que se encuentra previsto en el sistema como apto para insertar normas válidas en este mismo sistema.

En realidad, podemos afirmar que si tanto el hecho jurídico como el acto jurídico están vertidos en el lenguaje competente y materializan conductas humanas, que surtirán efectos en el sistema del Derecho Positivo, y si la doctrina administrativa no ve razones científicas firmes para que la voluntariedad los difiera, entonces, sea cual sea la denominación que les es atribuida, estando presentes en el antecedente de una norma individual y concreta administrativa, serán hechos jurídicos administrativos.

---

[27] Esta expresión pertenece al profesor Lourival VILANOVA. Este gran maestro enseña que la hipótesis es la que califica normalmente lo fáctico.

Aunque existan diferencias en las premisas adoptadas, el raciocinio que se defiende aquí corresponde al realizado por los administrativistas. El profesor Celso Antônio Bandeira DE MELLO enseña lo siguiente[28]:

> El acto jurídico es un pronunciamiento sobre cierta cosa o situación, diciendo cómo deberá ser ella. *Los hechos jurídicos no son declaraciones; por lo tanto, no son prescripciones*. No son hablas, no pronuncian ninguna cosa. El hecho no dice nada. Tan solo ocurre. La ley es la que habla sobre él. La distinción entre acto jurídico y hecho jurídico es muy sencilla (los destacados son nuestros).

Por lo tanto, utilizando las enseñanzas del profesor Celso Antônio fuera del contexto en el que fueron escritas, se observa que las ideas coinciden. La diferencia proviene de la supremacía del lenguaje que adoptamos.

Un hecho social que simplemente ocurre no dice nada, no habla, no pronuncia nada. Por esta razón, no merecerá el predicado de «jurídico» hasta que ingrese en el sistema a través del vehículo normativo adecuado. El predicado «hecho» presupone que esté vertido en cualquier tipo de lenguaje. Por lo tanto, es irrelevante para el Derecho e incluso para la realidad (que está constituida por el lenguaje). Todo hecho se refiere a algo que ya ocurrió. No hay un hecho que se proyecte hacia el futuro.

El mismo autor afirma que el hecho jurídico es un evento no prescriptivo al cual el Derecho le atribuye consecuencias jurídicas. Nos parece correcto y coherente que dicho «evento», cuando desencadena consecuencias jurídicas, está, invariablemente, previsto en el antecedente de una norma válida. Por esta razón, recibe el predicado de hecho «jurídico», lo que le aproxima al concepto administrativo de acto jurídico.

Cualquier «evento» no es prescriptivo. Cuando se vierta en un lenguaje será hecho, pero aún no es prescriptivo. El lenguaje que prescribe conductas es el lenguaje propio del Derecho Positivo. Por esta razón, reconocer la prescriptividad significa reconocer normatividad al lenguaje.

La expresión «evento no prescriptivo al cual el Derecho atribuye consecuencias» debe ser reescrita de la siguiente forma: hecho social al cual el Derecho atribuye efectos; cuando sea relatado en un lenguaje competente y previsto en la hipótesis de una norma general y abstracta será un hecho jurídico.

Se podría admitir alguna escisión dentro de la categoría de los hechos jurídicos, entre aquellos que son involuntarios y aquellas declaraciones que voluntariamente son producidas. Sin embargo, de ninguna forma es posible que esta escisión resulte del reconocimiento de la naturaleza de «evento» al «hecho» y el revestimiento de lenguaje al «acto».

---

[28] MELLO, Celso Antônio. *Curso de Direito Administrativo*. 26.ª ed. São Paulo: Malheiros Editores, 2009, p. 356.

Ambos deben ser vertidos en un lenguaje para que existan jurídicamente. El criterio lógico que los disocia debe ser jurídico y, por lo tanto, solo habrá escisión después del reconocimiento de ambos como «jurídicos». Reconocerlos como «jurídicos» significa que componen la clase de los hechos jurídicos, que se encuentra prevista en la hipótesis de alguna norma general y abstracta insertada en el sistema del Derecho Positivo.

1.1. El «evento»: la transformación de hecho social en hecho jurídico

En esta parte se debe abrir un paréntesis para esclarecer de qué forma el evento se transforma en hecho social y de hecho social en hecho jurídico o directamente en hecho jurídico.

Lo que los diferenciará es el momento en el que exista un lenguaje jurídico válido.

El agente administrativo tomará conocimiento de la ocurrencia de un evento de dos formas: tendrá noticias de la ocurrencia de aquel evento o presenciará su ocurrencia.

Estas dos situaciones nos obligan a esclarecer que el evento es irrelevante para el Derecho Positivo en ambas situaciones. La forma en la que ingresa el «evento» en el sistema del Derecho Positivo será diferente en cada una de ellas.

Si el agente administrativo, que se encuentra autorizado por el sistema para insertar una norma válida, toma conocimiento de un evento porque él mismo lo observa, podrá verter en lenguaje la ocurrencia de aquel evento. Si lo hiciera directamente en un lenguaje competente válido para el Derecho Positivo, entonces aquel «evento» pasará de una ocurrencia en el mundo fenoménico hacia el universo del Derecho Positivo, sin que antes se haya caracterizado como un hecho social.

Ejemplificando: imaginemos que un agente administrativo observa a un sujeto «S» que cruza la frontera del país con mercancías para que las pueda revender. Este mismo sujeto no cumple los deberes instrumentales competentes y el pago de los tributos debidos por la importación.

En este caso, el agente administrativo emitirá el acta de infracción e impondrá una penalidad. En el ejemplo se observa que el «evento» sirvió de motivo para el acto administrativo. Esto nos enseña el profesor Paulo de Barros Carvalho cuando analiza el tema[29].

Fabiana Del Padre Tomé, citando a Eurico Marcos Diniz de Santi, enseña que el motivo no ingresará en el acto, vale decir, tan solo ingresará su descripción: la enunciación lingüística del motivo del acto[30].

---

[29] Carvalho, Paulo de Barros. *Curso de Direito Tributário.* 19.ª ed., São Paulo: Editora Saraiva, 2007, p. 434.

[30] Tomé, Fabiana Del Padre. *A Prova no Direito Tributário.* 1.ª ed. São Paulo: Editora Noeses, 2005, p. 284.

El motivo o presupuesto es la realización del evento. Sostenemos nuestra idea inicial: el evento en sí no es relevante (en este caso) para el Derecho Positivo. El acto administrativo (norma individual y concreta) será insertado válidamente en el sistema del Derecho Positivo, pero si el sujeto pasivo pretendiese producir un lenguaje posterior que sea capaz de retirar esta norma del sistema, deberá transformar este evento en un «hecho probado», produciendo otro lenguaje que lo revoque.

Inevitablemente, tendremos un lenguaje que constituye este evento en hecho, aunque sea un hecho alegado y, posteriormente, un hecho probado.

La profesora Fabiana Del Padre TOMÉ[31], cuando ingresa en la teoría de las pruebas, trata sobre el hecho alegado y hecho probado:

> Toda prueba es un hecho que lleva, por implicación, a otro hecho. [...] Dicho de otro modo, la prueba es un hecho jurídico en sentido amplio, cuya función consiste en convencer al destinatario sobre la veracidad de la argumentación de un determinado sujeto, llevando a la composición del hecho jurídico en sentido estricto. Formalizando el recorrido de las pruebas, tenemos lo siguiente:
>
> [Ha. (H1.H2.H3. ...Hn)] →Hj
>
> En esta formalización, «Ha» se refiere al hecho alegado; «H1, H2, H3 y Hn» representan un número finito de hechos (hechos jurídicos en sentido amplio); «.» es el conectivo conjuntor; □» es el conectivo implicacional; y «Hj» es el hecho que se pretende constituir a través de las pruebas.

En otras palabras, aunque el agente administrativo observe el «evento», este solo será relevante para el Derecho Positivo cuando sea vertido en un lenguaje. El «motivo» del acto administrativo será relevante para el Derecho cuando sea vertido en un lenguaje. El sujeto pasivo se fundamentará en este lenguaje que relató su ocurrencia para que pueda impugnarlo.

Debido a que el «evento» no se repetirá jamás, el único dato objetivo al que tenemos acceso para refutarlo (ya como hecho jurídico), en caso sea necesario, será el relato en lenguaje competente presente en la norma individual y concreta de la determinación.

Haciendo uso de las preciosas enseñanzas de la profesora Fabiana Del Padre TOMÉ[32], tenemos la siguiente diferenciación:

> El motivo es el presupuesto fáctico del acto, representado por la *ocurrencia de la vida real que satisface a todos los criterios identificadores tipificados por la hipótesis tributaria*, mientras que la motivación compone el propio

[31] *Ibídem*, p. 71.
[32] *Ibídem*, p. 284.

acto administrativo, vale decir, sería la descripción del motivo del acto, situada en el antecedente de la norma individual y concreta. Diferenciemos ambos en el acto de determinación: el motivo es el evento tributario, mientras que la motivación constituye el hecho jurídico correspondiente.

Dentro de la línea de raciocinio defendida por la profesora Fabiana, desde nuestro punto de vista, el «motivo» como evento no existiría para el mundo del derecho. La reconstrucción de una decisión se realizará a través de otro lenguaje competente (que pretende desconstituir el lenguaje anterior).

La segunda posibilidad es que el agente administrativo se entere de la ocurrencia del evento. En este caso, estamos ante el lenguaje descriptivo de situaciones objetivas, a través del cual alguien relata la ocurrencia de un «evento», ya en la forma de un hecho social -porque ya es un lenguaje-, como si fuese «verdad». De hecho, hablar en nombre de la verdad es un presupuesto del lenguaje descriptivo de situaciones objetivas y una exigencia del propio discurso.

Para finalizar este paréntesis, debemos transcribir el fragmento de la obra de esta misma profesora cuando trata sobre el tema de la verdad[33]:

> El lenguaje descriptivo, también denominado como informativo, declarativo, indicativo, denotativo o referencial, ejerce la función de transmitir conocimientos ordinarios, técnicos o científicos, a través de las afirmaciones o negaciones. Sus enunciados se someten a los valores de verdad o falsedad, dado que a ellos se aplica la lógica clásica, apofántica o alética.

En este caso, el agente no tendrá contacto con el «evento» de forma directa, sino por la versión en lenguaje de este evento, a través del hecho social, vale decir, el agente no lo observó.

Una vez más el «evento» será irrelevante para el Derecho y, en la misma línea de lo que argumentamos anteriormente, si el sujeto pasivo quiere producir un lenguaje contrario a lo manifestado en la norma individual y concreta de la determinación, tendrá que producirlo en consonancia con la teoría de las pruebas. En este supuesto, la ocurrencia de aquel «hecho social» se dará de una forma distinta a lo que se aprecia en la primera norma individual y concreta, a través de otra norma que excluirá a la primera del sistema.

Concluimos este punto reafirmando que, para nosotros, el «evento» es irrelevante para el Derecho Positivo. Si el agente lo presencia, producirá el lenguaje competente que lo insertará en el sistema directamente como un hecho jurídico. Si el agente tiene noticias de su ocurrencia, tendrá contacto con el hecho social. El evento es irrepetible porque así es lo real.

---

[33] *Ibídem*, p. 27.

2. DISOCIACIÓN ENTRE HECHOS JURÍDICOS Y ACTOS JURÍDICOS: ANÁLISIS A TRAVÉS DE LA FILOSOFÍA DEL LENGUAJE

Retornando a la cuestión de la disociación en el ámbito del Derecho Administrativo entre «hecho jurídico» y «acto jurídico», veremos que hay tres distinciones usualmente utilizadas para disociarlos. Sin embargo, si admitiésemos que ambos necesitan de un lenguaje para existir jurídicamente, estas tres distinciones ya no se justifican.

Analicemos sucintamente cada una de ellas, pero nos fundamentaremos en la doctrina del profesor Celso Antônio Bandeira DE MELLO.

La primera de ellas es la anulabilidad y revocabilidad de los «actos jurídicos» y la no anulabilidad y no revocabilidad de los «hechos jurídicos».

Los hechos jurídicos, por ser «involuntarios» o no depender de la voluntad humana, no serían pasibles de revocación.

Si nosotros entendemos que tan solo ingresan en el universo del Derecho aquellos hechos vertidos en lenguaje, se puede afirmar que incluso la alteración de una señal de tránsito, para que «exista» en el mundo del Derecho, necesitará, en algún momento, dejar de ser «evento» para, cuando sea vertido en lenguaje, tornarse un «hecho».

El «evento» de la señal de tránsito que altera su color para orientar el desplazamiento de los vehículos, realmente, no es anulable o revocable, pero esta característica resulta de una conclusión inevitable: no es anulable o revocable porque, como «evento», no existe para el derecho positivo y, como vimos en el esquema inicial, no existe ni siquiera como «evento» para la realidad, la cual es constituida a través del lenguaje.

Sin embargo, siempre que se pretenda que esa señal produzca efectos jurídicos, deberá existir inexorablemente un lenguaje. No olvidemos que este lenguaje, común a los llamados hechos jurídicos y actos jurídicos y propio del Derecho Positivo, siempre es pasible de ser revocado y anulado a través de otro lenguaje competente que se superponga a él.

Los «eventos» no son revocables o anulables porque no «existen» para el Derecho. A partir del momento en el que ingresan en el sistema del Derecho Positivo pasan a tener el *status* de norma, vale decir, pasan a «existir» dentro de la realidad del Derecho, pudiendo ser revocados o anulados por otra norma, dentro de los criterios establecidos por el propio sistema del Derecho Positivo.

El segundo criterio diferenciador sería el siguiente: los «actos administrativos» gozarían de la presunción de legitimidad y los «hechos administrativos» no.

Para entender correctamente la cuestión, tenemos que analizar el concepto de legitimidad.

Legítimo es aquello que se presupone que está en consonancia con el ordenamiento jurídico desde el punto de vista constitucional. Este concepto se aproxima mucho al concepto de legalidad, pero no olvidemos que legítimo es un poco más, vale decir, tiene un alcance semántico más amplio.

Legítimo sería una armonía con los principios constitucionales. Para corroborar esta comprensión, debemos analizar la decisión del Supremo Tribunal Federal que, en el voto del relator Magistrado Carlos VELLOSO, diferenció los conceptos[34]:

> CONSTITUCIONAL. RECURSO EXTRAORDINARIO. LABORAL. NEGATIVA DEL RELATOR PARA SEGUIR EL RECURSO. OFENSA A LA CONSTITUCIÓN. Cuestión relativa a la admisión del recurso. I. *Legitimidad constitucional de la atribución conferida al relator para archivar, negar el seguimiento del pedido o recurso y para que se estime ese RI/STF*, art. 21, § 1°; Ley N.° 8.038/90, art. 38; CPC, art. 557, redacción de la Ley N.° 9.756/98 siempre que, mediante un recurso, las decisiones puedan ser sometidas al control del Colegiado. II. Las cuestiones relativas a los presupuestos de admisibilidad de los recursos laborales no viabilizan la apertura de la vía extraordinaria, dado que envuelve una discusión de carácter infraconstitucional. III. A la Judicatura le corresponde, en el conflicto de intereses, hacer valer la voluntad concreta de la ley, interpretándola. *Si, en dicha operación, interpreta razonablemente o irrazonablemente la ley, la cuestión queda en el campo de la legalidad, incurriendo el contencioso constitucional*. IV. Alegación de ofensa al debido proceso legal: CF, art. 5°, LV: Si hubiese existido ofensa, ella sería indirecta, dado que la ofensa directa sería a las normas procesales. Y la ofensa a un precepto constitucional que autoriza la admisión del recurso extraordinario es la ofensa directa, vale decir, frontal. V. Alegación de ofensa al inciso IX del artículo 93 de la CF: Improcedencia, porque lo que pretende el recurrente es impugnar la decisión que le es contraria, pero el fallo está debidamente fundamentando. IV. Agravio declarado improcedente.

La premisa «*el acto administrativo gozaría de la presunción de legitimidad y el hecho jurídico no*» merece una nueva mirada crítica.

Todo acto que es ejercido debido a la competencia atribuida por la Constitución Federal o por la legislación (para que se pueda insertar en el sistema válidamente), debe agotar la premisa de la presunción de legitimidad. Esta sería el ejercicio de la competencia adecuada, a través de un procedimiento correcto y en armonía con las demás normas del sistema.

---

[34] BRASIL. Supremo Tribunal Federal. *Ag. Reg. en el Agravo de Instrumento* N.° 555627 - DF. Voto del Magistrado Carlos Velloso. Brasília, DF, 16 de diciembre del 2005. Disponible en el siguiente link: <http://www.stf.gov.br/portal/jurisprudencia/listarJurisprudencia.asp?s1=555627.NUME.+E+AI.SCLA.&base=baseAcordaos>. Visto el 07-01-08.

Abriendo un paréntesis para ingresar brevemente en el concepto de competencia, el profesor Tácio Lacerda GAMA[35], tratando sobre el tema en su tesis de doctorado, citando al profesor Alf Ross, nos enseña lo siguiente:

> Competencia es la capacidad jurídicamente establecida de crear normas jurídicas (o efectos jurídicos) a través de y en consonancia con los enunciados.

Después de agotarse ambas premisas -competencia y procedimiento-, estamos ante normas válidas para el sistema, ya sea una *norma individual y concreta* o una *norma general y abstracta*. Este trabajo demostrará que el control de introducirse normas individuales y concretas no es previo, sino que ocurre a partir del producto, vale decir, a partir de la propia norma.

Si la norma individual y concreta relata un acto administrativo que aplica una penalidad, porque un determinado vehículo se pasó la señal roja, controlado y regulado por una máquina, este «hecho jurídico», así nominado por la doctrina administrativa, será un hecho jurídico administrativo, una declaración del Estado de que el sujeto «A» deberá pagar la cuantía «x» para el Estado, dado que, en el día y hora individualizados, violó la orden administrativa de no transitar cuando la señal está en rojo.

En este momento, cuando dicha norma es insertada en el sistema, tenemos aquel evento del sujeto «A» (que se pasa la señal roja en el día y hora determinados) vertido en un lenguaje que ingresa en el universo del Derecho, dado que está presente en el antecedente de una norma individual y concreta.

La regulación de esta señalización (realizada por una máquina) jamás será un «hecho jurídico administrativo», si en ningún momento aquel «evento», o aquella secuencia de «eventos», existiese para el mundo del Derecho. Las razones por las cuales sostenemos que los «eventos» no existen para el universo del Derecho Positivo ya se elucidaron anteriormente.

La última distinción entre «hechos» y «actos» jurídicos se refiere a la discrecionalidad. Hay actos administrativos discrecionales, pero los hechos no podrían serlo por ser involuntarios.

Un análisis más profundo nos remite nuevamente a la cuestión del lenguaje. No habrá discrecionalidad en la ocurrencia del evento de la señalización que altera sus colores -este «evento» no existe para el mundo del Derecho como tal-, sino en la versión que se materializa en un lenguaje de este «evento».

Cuando el ser humano competente observe el tráfico y diga en lenguaje que, en un determinado día y espacio, el sujeto «A» violó las normas de tránsito, entonces (en este momento, en el proceso de enunciación del derecho) puede haber discrecionalidad, que, en realidad, es propia del Derecho.

---

[35] GAMA, Tácio Lacerda. *Competência Tributária - Fundamentos para uma teoria da nulidade*, p. 71.

Todo lo sostenido hasta el momento deriva de la necesaria coherencia que la Ciencia del Derecho debe guardar internamente. No hay un hecho jurídico que no sea vertido en lenguaje, vale decir, ningún hecho ingresa en el universo del Derecho si no se reviste de juridicidad. Recordando las premisas adoptadas inicialmente, el Derecho Positivo es una camada de lenguaje prescriptivo, sintácticamente cerrado y compuesto únicamente por normas.

Fuera de este sistema no hay nada para el Derecho. La dicotomía «hecho» y «acto», originada en los civilistas y pertinente para el Derecho Administrativo, no se sostiene bajo la filosofía del lenguaje, dado que adopta la diferenciación entre «hecho» y «evento». No olvidemos que este último es irrelevante hasta que sea vertido en lenguaje, pero ambos serán irrelevantes si no fuesen vertidos en el competente lenguaje del Derecho: el lenguaje de la constitución de hechos jurídicos, previstos en el antecedente de las normas abstractas, que se proyectan hacia el futuro.

Luego, tanto el «acto» como el «hecho» son «jurídicos» y son «hechos jurídicos administrativos» porque están presentes en los antecedentes de las normas individuales y concretas, que buscan su fundamento de validez en otras normas generales y abstractas.

Pontes de Miranda desarrolló una gran teoría sobre los hechos y actos en el ámbito del Derecho Civil. Esta teoría influenció a muchos doctrinadores desde entonces y nuestra intención no es ignorar la relevancia de este primoroso trabajo.

Sin embargo, el corte metodológico que se acaba de fijar determina que se parta de la doctrina administrativa de Celso Antônio Bandeira DE MELLO para que se inicie el desarrollo de las diferencias entre los modelos teóricos, con el objetivo de alcanzar conceptos coherentes para el desarrollo de este trabajo.

3. EL «HECHO JURÍDICO ADMINISTRATIVO EN SENTIDO ESTRICTO» Y «HECHO JURÍDICO ADMINISTRATIVO EN SENTIDO AMPLIO»

Adoptaremos la nomenclatura «acto administrativo» para el «hecho jurídico administrativo en sentido estricto» proveniente del ejercicio de competencias directas dentro de las prerrogativas de la Administración para el ejercicio de sus funciones, y «hechos jurídicos administrativos en sentido amplio» para todo y cualquier lenguaje producido por la Administración Pública, aunque se viertan en un lenguaje jurídico los hechos sociales de la administración de forma involuntaria o eventos resultantes de dichos hechos.

Veamos nuestra clasificación:

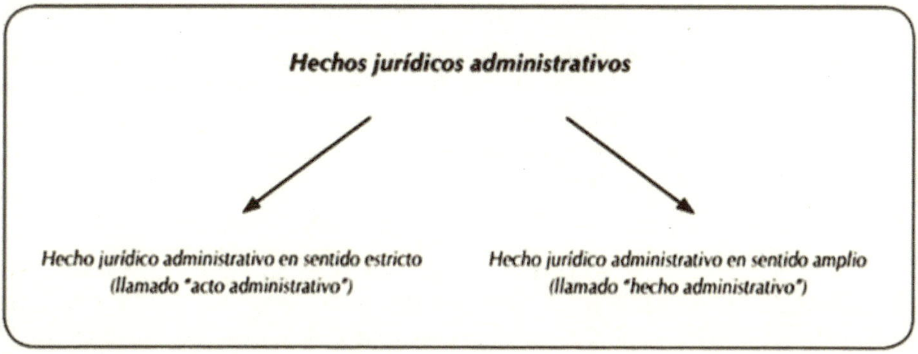

Son muy interesantes las consideraciones del ya citado profesor Celso Antônio Bandeira DE MELLO sobre la utilidad o no de los conceptos y el tratamiento de procesos lógicos de formación. Los conceptos pueden ser considerados como clases, conjunto de elementos, donde hay un criterio de pertinencialidad. El «concepto» sería exactamente la delimitación de esos criterios de pertinencialidad a la clase de aquel «concepto»[36].

Para analizar el concepto de acto administrativo, tomaremos las enseñanzas de Celso Antônio Bandeira DE MELLO[37] como referencia académica:

Acto administrativo es una declaración del Estado (o de quien actúe en su nombre; por ejemplo, un concesionario de servicio público), en el ejercicio de prerrogativas públicas, manifestada a través de medidas jurídicas complementarias de la ley con el fin de darle cumplimiento, y sujetas a un control de legitimidad por un órgano jurisdiccional.

De la lectura del concepto de acto administrativo desarrollado por el ilustre profesor de la Pontificia Universidad Católica de São Paulo, con el cual concordamos (solo renombrándolo para comprenderlo de mejor forma), se observa que el acto administrativo es una declaración del Estado. No olvidemos que el acto administrativo es una especie del hecho jurídico administrativo, dado que no admitimos que los eventos pertenezcan al universo del Derecho en esa condición (sin lenguaje).

La declaración debe ser considerada en su sentido jurídico, vale decir, es una declaración jurídica que tiene la virtud de producir efectos en el universo jurídico, a través del ejercicio de una competencia atribuida para ello. Se trata de un lenguaje producido para dar operatividad a una ley.

---

[36] Genaro Carrió afirma que las palabras tienen una doble función: Denotan el conjunto de objetos y connotan las características y propiedades de estos mismos objetos.

[37] MELLO, Celso Antônio. *Curso de Direito Administrativo*. 26.ª ed. São Paulo: Malheiros Editores, 2009, p. 366.

José Cretella Júnior[38] define al acto administrativo de la siguiente manera:

La manifestación de voluntad del Estado, por sus representantes, en el ejercicio regular de sus funciones, o por cualquier persona que tenga, en las manos, una fracción de poder reconocido por el Estado para crear, reconocer, modificar, resguardar o extinguir situaciones jurídicas subjetivas, en materia administrativa.

Por su parte, Lúcia Valle Figueiredo[39] enseña lo siguiente:

Acto administrativo es la norma concreta, emanada por el Estado, o por quien, en el ejercicio de la función administrativa, tenga la finalidad de crear, modificar, extinguir o declarar relaciones jurídicas entre este y el administrado, susceptible de ser contrastada por el Poder Judicial.

Eduardo García de Enterría[40] enseña lo siguiente:

Acto administrativo es la declaración de voluntad, de juicio, de conocimiento o de deseo realizada por la Administración en ejercicio de una potestad administrativa distinta de la potestad reglamentaria.

La característica de «declaración», presente en el concepto, debe ser entendida dentro de las nuevas premisas que adoptamos.

La declaración de voluntad, presente en el concepto, para el hecho jurídico administrativo en sentido estricto, vale decir, el denominado «acto administrativo», es aquella donde hay una manifestación de voluntad del Estado, en el ejercicio de sus funciones administrativas, de competencias administrativas. Son prescripciones que materializan la voluntad del Estado para crear, certificar, extinguir, transferir, declarar o modificar derechos u obligaciones.

Es muy importante la diferencia que Celso Antônio Bandeira de Mello hace entre el acto administrativo y la ley. Los actos administrativos son infralegales, dado que necesitan de una ley que les otorgue el fundamento. Por lo tanto, dentro de esta premisa, la norma general y abstracta no será un acto administrativo en ese sentido, porque son textos del Derecho Positivo producidos por el Poder Legislativo en sus esferas Municipales, Estatales, Distritales y Federales.

Sin embargo, la determinación tributaria (como una norma individual y concreta) sería una especie de acto administrativo, visto como una declaración del Estado que da operatividad a una ley.

---

38 Cretella Júnior, José. *Tratado de direito administrativo.* 15.ª ed. Rio de Janeiro: Editora Forense, 1972.

39 Figueiredo, Lucia Valle. *Curso de Direito Administrativo.* 6.ª ed. São Paulo: Malheiros, 1989, p. 162.

40 Enterría, Eduardo García. *Curso de Derecho Administrativo I.* 8.ª ed.; Potestades Regladas y Potestades Discrecionales. v. I, 8.ª ed. Madrid: Civitas, 1998, p. 537.

Después de analizarse el concepto de acto administrativo, pasemos al análisis de los elementos y presupuestos del acto administrativo.

3.1. Elementos y presupuestos del acto administrativo

El acto administrativo, a pesar de tener un concepto aparentemente simple, al ser una declaración emanada por el Estado que pretende producir efectos jurídicos para dar concreción a la ley y también sujeta a la revisión judicial, no encuentra unanimidad en la doctrina sobre sus elementos y presupuestos de validez.

Desde el inicio no quisimos transitar profundamente por la doctrina administrativista, pero trabajaremos con dos doctrinadores para demostrar la existencia de divergencias en el campo del Derecho Administrativo, vale decir, sobre los elementos del acto administrativo.

Se advierte que el Derecho crea sus propias realidades. De esta forma, los elementos determinados por el Derecho y los presupuestos mínimos para la validez del acto son piezas fundamentales para que el intérprete pueda analizar si aquel acto producido por el Estado o por quien actúa en su nombre es válido, eficaz y perfecto.

Se adopta la expresión «elementos del acto administrativo» para indicar los requisitos del acto. No hay unanimidad en la definición de cuáles son esos elementos, pero habitualmente se establecen los siguientes: sujeto, forma, objeto, motivo y finalidad.

García de Enterría[41] clasifica los elementos en subjetivos, objetivos y formales. Los elementos subjetivos son los siguientes: a) La Administración Pública en sentido formal; b) órgano; c) competencia; e d) investidura. Los elementos objetivos son: a) Presupuesto de hecho; b) finalidad; c) causa; y d) motivo. Los elementos formales son: a) El procedimiento; y b) la forma.

Por otra parte, Celso Antônio Bandeira DE MELLO[42] teoriza en otro sentido. Los elementos del acto son los siguientes: a) El contenido; y b) la forma. Los presupuestos de existencia del acto son: a) El objeto; y b) la pertinencia del acto al ejercicio de la función administrativa. Los presupuestos de validez del acto son: a) Subjetivo: sujeto; b) objetivos: motivos y requisitos procedimentales; c) teleológicos: finalidad; d) lógico: causa; y e) formalísticos: formalización.

Este magnífico profesor entiende que los elementos son partes de un todo y que algunos de esos elementos, fijados clásicamente por la doctrina, serían «externos» al acto.

---

41 *Ídem.*

42 MELLO, Celso Antônio. *Curso de Direito Administrativo.* 26.ª ed. São Paulo: Malheiros Editores, 2009, p. 366.

En este sentido, el profesor Celso Antônio Bandeira de Mello enseña que solo serían elementos del acto el contenido y la forma. Esta distinción lo llevó a disociar elementos de presupuestos del acto, y, también, presupuestos de validez y presupuestos de existencia.

Si no se verifican los elementos del acto no hay ni siquiera un acto administrativo que será considerado. Ellos son los siguientes: el contenido y la forma.

El contenido sería la propia medida que produce la alteración en el ordenamiento jurídico, vale decir, es el propio acto en su esencia. Algunos autores, como Maria Sylvia Zanella di Pietro, equiparan el contenido con el objeto del acto, clasificando como el efecto inmediato que produce el acto.

Por su parte, la forma sería el revestimiento exterior del acto, vale decir, la exteriorización del acto. Y desde la óptica de la filosofía del lenguaje, sin la forma, sin la exteriorización del acto, no habrá acto. Tan solo aquello que se manifiesta en un lenguaje es apto para producir efectos, dado que el acto jurídico es la declaración de voluntad y la declaración presupone un lenguaje.

Los presupuestos de existencia del acto serían los siguientes: el objeto y la pertinencia del acto al ejercicio de la función administrativa.

El objeto, adoptando la diferenciación de Zanobini, seguida por el profesor Celso Antônio, quien distingue el contenido de objeto, es aquello sobre lo que el acto dispone. La distinción entre objeto y contenido es defendida por el citado profesor[43]: «Es cierto que si el contenido del acto habla sobre algo, es porque este algo constituye una realidad que no se confunde con él».

La pertinencia del acto al ejercicio de la función administrativa, como presupuesto de existencia del acto, se justifica porque solo hay acto administrativo en el ejercicio de las funciones del Estado. El acto oriundo del Estado que no guarde relación con el ejercicio de la función administrativa es un acto jurídico, pero no es un acto jurídico administrativo.

Por último, los presupuestos de validez del acto serían los siguientes: sujeto, motivo y requisitos procedimentales, finalidad, causa, y formalización.

El *sujeto* es aquel previsto en la legislación como apto para producir válidamente el acto administrativo. La cuestión del sujeto competente será de suma importancia cuando se desarrolle la inexistencia de actos administrativos totalmente discrecionales.

El *motivo* sería un presupuesto de hecho que autoriza o exige la práctica del acto. Es algo externo que lo antecede. Desde nuestro punto de vista, el motivo es la previsión hipotética de la norma general y abstracta, que, sujetándose al análisis del ser humano que aplicará la norma, lo autoriza a producir el acto administrativo.

---

43 *Ibídem*, p. 375.

Es interesante cuando existe el reconocimiento de que el motivo es externo al acto porque lo antecede.

El profesor Paulo de Barros Carvalho[44] señala, como ya fue dicho anteriormente, que el «motivo o presupuesto es la realización del evento, del cual tiene noticia el agente administrativo».

Sin embargo, si el motivo es la realización del «evento» y esta realización es externa al acto administrativo, la única respuesta coherente es que ese «evento», antes de ser vertido en lenguaje, no es el motivo propiamente dicho.

El relato de ese evento, directamente en lenguaje propio para la constitución del hecho jurídico tributario o en hecho social para posteriormente ser vertido en un lenguaje jurídico de constitución de los hechos también jurídicos, es el producto del proceso de enunciación.

En la teoría de las fuentes del Derecho Tributario, que será analizada más adelante, la conclusión es idéntica: la fuente del Derecho Tributario es algo externo al Derecho, vale decir, lo antecede. Tan solo tenemos acceso al proceso de formación del derecho (enunciación) a través del análisis de su producto (enunciación-enunciada). La enunciación es externa al derecho y el «motivo» del acto administrativo es creado en la mente del intérprete exactamente en ese momento. La creación de ese motivo se da en la creación del antecedente de la norma individual y concreta.

En este sentido, el motivo sería una etapa que antecede al proceso lógico de la incidencia, aquella etapa donde el ser humano, el agente habilitado por el sistema para insertar una determinada norma, en un proceso de enunciación, evalúa, a través de un acto de voluntad, si la norma será o no creada, vale decir, si hay o no subsunción del hecho a la norma.

El dato subjetivo que fundamenta el motivo puede ser un hecho social o la ocurrencia de un evento. Ninguno de los dos -hecho social o evento- ingresará en el universo del Derecho Positivo. Lo que ingresará en el Derecho Positivo es la norma construida por el intérprete que tiene como soporte este motivo.

El motivo, según la teoría administrativa, puede o no estar completamente previsto en la legislación. Si estuviese previsto en su integridad, entonces el legislador no tiene ninguna libertad para actuar. Si no estuviese previsto en su integridad, entonces el propio sistema del Derecho Positivo preestableció que al administrador le corresponde determinarlo. Pero el motivo siempre antecede al acto.

El punto de controversia que pretendemos analizar es exactamente cuando el motivo esté previsto en su integridad y el administrador no pueda actuar

---

[44] Carvalho, Paulo de Barros. *Curso de Direito Tributário.* 19.ª ed., São Paulo: Editora Saraiva, 2007, p. 434.

con libertad. Desde nuestro punto de vista, los textos de derecho positivo, en lenguaje técnico, no escapan de la vaguedad y de la imprecisión del lenguaje, lo que excluiría la hipótesis de un acto totalmente vinculado, sin margen de discrecionalidad. La cuestión será abordada de forma más detallada en el momento oportuno.

También se destaca que el motivo, una vez alegado y fijado por el administrador, lo vincula, bajo pena de nulidad del propio acto. Esta «alegación» o «fijación», por coherencia, debe ser un lenguaje competente. Se destaca que esta nulidad resultante de la inexactitud de la fijación del motivo, tan solo opera cuando otro lenguaje posterior demostrase, por la teoría de las pruebas, que existe otro «motivo» o que el «motivo» fijado en la norma está incompleto. Se observa que un lenguaje retira otro lenguaje del sistema.

La finalidad sería un presupuesto teleológico del acto. Es el bien jurídico objetivado por el acto o el resultado previsto para ello.

La causa sería un presupuesto lógico del acto, o una relación de idoneidad entre los presupuestos del acto y su objeto, no confundiéndose con su motivo. Este (motivo) es un presupuesto de hecho. La causa es la relación entre el motivo y el contenido del hecho, teniendo en vista la finalidad. Es el vínculo lógico que da coherencia y legitimidad al acto administrativo.

En la causa es donde serán examinadas la razonabilidad y la proporcionalidad del acto administrativo, que algunos consideran como axiomas del propio sistema. El Derecho es razonable y debe ser proporcional. Por lo tanto, analizar la proporcionalidad y la razonabilidad como axiomáticas no es un contrasentido absoluto. En este punto, se debe destacar que el Supremo Tribunal Federal, a veces, trata la razonabilidad y la proporcionalidad con idénticas amplitudes semánticas.

Merece transcribirse la decisión de la Corte Suprema en este sentido:

> Temario: *Habeas Corpus*. 1. Crimen previsto en el artículo 331, § 1°, del Código Penal (adulteración de la señal que identifica el vehículo automotor). 2. Alegaciones: a) atipicidad de la conducta; b) que el paciente no sería el destinatario de la norma penal; y c) violación del principio de proporcionalidad o razonabilidad. 3. En la especie, es muy evidente que la conducta imputada al paciente –sustitución de placas particulares de vehículo automotor por placas reservadas obtenidas en el Detran–, no se muestra apta para satisfacer el tipo del artículo 311 del Código Penal. 4. No hay ninguna duda de que el órgano de control (Detran) sabía y podría saber siempre que se trataba de placas reservadas y suministradas a la Policía Federal. 5. Orden concedida para que sea trancada la acción

penal contra el paciente, por no quedar configurados, ni en lejana apreciación, los elementos del tipo en tesis[45].

Por último, tenemos a la formalización que, para Maria Sylvia Zanella DI PIETRO, podría ser la forma en sentido amplio.

Celso Antônio Bandeira DE MELLO afirma que es la específica manera por la cual el acto debe ser externado. La formalización es una exigencia de la seguridad jurídica, que, para proteger de una mejor forma a los propios ciudadanos de la discrecionalidad del Estado, predetermina cómo deben revestirse ciertos actos.

Aunque haya innumerables puntos que pueden ser abordados en el estudio de la teoría de los actos administrativos, entendemos que, para los restrictos fines de este trabajo, tan solo la conceptuación y el abordaje de los elementos y presupuestos de validez y existencia del acto son necesarias para una correcta comprensión del tema.

En este sentido, ahora analicemos los actos vinculados y discrecionales, y después a los llamados conceptos jurídicos indeterminados.

4. Acto vinculado

La distinción entre los actos administrativos vinculados y los actos administrativos discrecionales es una de las más relevantes en el campo dogmático del Derecho Administrativo. Y no lo es sin razón. Al distinguir los actos denominados discrecionales de los actos supuestamente vinculados, en un último análisis, el intérprete está determinando cuáles son los elementos o presupuestos que se aplican a una determinada especie del acto administrativo.

El primer punto interesante es la propia nomenclatura adoptada por los autores que tratan sobre el tema.

Por ejemplo, Agustín GORDILLO afirma que hay «poderes vinculados» y «poderes discrecionales».

Los poderes vinculados serían aquellos donde una norma jurídica predeterminaría, de forma concreta, una conducta fija que el legislador debe seguir. Esta actividad es determinada por la ley. En este caso, tan solo existiría una solución posible que será tomada por el administrador.

Celso Antônio, también haciendo uso de la doctrina de Gordillo, entiende que hay cuatro tipos de vinculación, a saber: directa, indirecta, residual y técnica.

---

[45] BRASIL. Supremo Tribunal Federal. *Habeas Corpus*. N.° 86424 - SP. Voto de la Magistrada-Relatora Ellen Gracie. Brasília, DF, 11 de octubre del 2005. Disponible en el siguiente link: <http://www.stf.gov.br/portal/jurisprudencia/listarJurisprudencia.asp?s1=86424.NUME.+E+HC.SCLA.&base=baseAcordaos>. Visto el 07-01-08.

Los actos vinculados, para Celso Antônio Bandeira DE MELLO[46], serían:

Aquellos en los que, por existir una previa y objetiva tipificación legal del único posible comportamiento de la Administración en relación a una situación igualmente prevista en términos de objetividad absoluta, la Administración no interfiere con ninguna apreciación subjetiva a dichos actos.

Maria Sylvia Zanella DI PIETRO fija el concepto de acto vinculado como aquel donde la actuación de la Administración Pública, en el ejercicio de la función administrativa, es vinculada cuando la ley establece la única solución posible ante una determinada situación de hecho; ella fija todos los requisitos, encontrándose limitada la Administración a constatar su existencia, sin ningún margen de apreciación subjetiva.

En cuanto al concepto de acto vinculado, no hay conflicto doctrinario ni jurisprudencial, incluso porque el acto vinculado resultaría del ejercicio puro de la legalidad administrativa en su sentido más estricto.

Concordamos con Gordillo porque ningún acto es totalmente vinculado, ni totalmente discrecional. En el campo del Derecho Tributario, el profesor Paulo de Barros Carvalho adopta una posición idéntica.

Esto es así porque, desde nuestra óptica y fundamentados en nuestras premisas, la norma es algo que se produce en la mente del intérprete, vale decir, en la mente de aquel que está en contacto con los textos del Derecho Positivo.

La primera operación lógica (de inclusión de clases) es aquella a través de la cual el aplicador del derecho (el sujeto competente previsto en el ordenamiento jurídico para realizar aquel acto administrativo), ante un texto del Derecho Positivo (de una norma general y abstracta), analiza el hecho social (cualquiera que sea el lenguaje que se manifieste) y verifica si se cumplen o no las condiciones mínimas previstas en la legislación para que se considere dicho hecho como previsto en el antecedente de aquella norma.

En otras palabras, el propio análisis de la norma general y abstracta ante un caso concreto, por el sujeto autorizado por la ley para realizar un determinado acto administrativo, ya presupone un juicio de valor, una interpretación personal, una segunda interpretación que es construida sobre otra interpretación: sobre la realizada por el legislador en el proceso de creación de las leyes.

De esta forma, adoptando como premisa que las normas generales y abstractas no alcanzan a las conductas intersubjetivas y que necesitan del aplicador del derecho para realizarlas, para darles concreción y así materializar el dere-

---

46 MELLO, Celso Antônio. *Curso de Direito Administrativo*. 26.ª ed. São Paulo: Malheiros Editores, 2009, p. 410.

cho legislado, entendemos que ningún acto puede ser considerado puramente vinculado a ninguna hipótesis normativa.

Esta «subjetividad», que frecuentemente los autores administrativistas niegan que existe en el llamado acto vinculado, es propia del derecho, vale decir, la incidencia no se realiza de forma automática e infalible. La incidencia necesita de un aplicador, de un agente autorizado por el sistema para analizar la norma general y abstracta y darle aplicación, vertiéndola en un lenguaje competente e insertándola en el sistema.

Por esta razón, nuestro concepto de acto administrativo hace mención a una declaración, vale decir, al lenguaje. Se manifiesta a través de medidas jurídicas complementarias de la ley con el objetivo de darle cumplimiento, vale decir, con la pretensión de producir una norma individual y concreta.

En este sentido, para concluir el ítem sobre el acto vinculado relevante en esta etapa del trabajo, entendemos que cualquier aplicación del derecho pasa por la necesaria interpretación, incluso aquella aplicación de actos que, aparentemente, no preservan ningún margen de subjetividad al sujeto competente. Por lo tanto, donde haya interpretación, habrá subjetividad y juicio de valor del intérprete.

Es evidente que los límites para esa interpretación son reducidos en los llamados actos vinculados, vale decir, estos límites impedirán que exista un margen de maniobra del administrador cuando se constituya en lenguaje la ocurrencia de aquel hecho previsto en el antecedente de la norma para desencadenar la implicación y hacer nacer, automática e infaliblemente, la relación jurídica prevista en el consecuente.

Por lo tanto, los actos vinculados son actos en los que la subjetividad es reducida. La norma general y abstracta trae criterios más rígidos para la identificación de la clase de hechos que se incluirán en aquella previsión hipotética. Podemos concluir afirmando que, en los actos denominados vinculados, existen mayores detalles sobre el hecho que se encuentra allí previsto abstractamente. La descripción de la hipótesis es más rígida.

Sin embargo, por más rígida que sea, jamás describirá el hecho jurídico en su integridad, dado que es imposible prever la totalidad de las conductas intersubjetivas, cualesquiera que sean ellas. Lo real es irrepetible y el reconocimiento de la verdad de esta premisa es suficiente para comprender el porqué de la inexistencia de las hipótesis que permitan actos absolutamente vinculados.

Acerca de la irrepetibilidad de lo real, Clarice von Oertzen DE ARAÚJO, citando a Ivo Assad, enseña lo siguiente:

> Una reacción tiene una individualidad. Ella acontece tan solo una vez. Si ella se repite, la repetición es otra ocurrencia, no importando cuan parecida ella pueda ser con la primera. [...] una reacción a alguna cosa que ocurra *hic et nunc* (...). Ella es un evento individual.

Cuando analicemos la aplicación de estos conceptos al Derecho Tributario, verificaremos que los actos supuestamente vinculados en el Derecho Tributario demuestran que el margen de maniobra, aunque sea reducido, dado que transita por la interpretación propia del proceso de creación de la norma, permite que el concepto de acto vinculado se encuentre sujeto a revisión.

Por lo tanto, analizar si el proceso de positivización del derecho tributario (con la inserción de normas individuales y concretas en el sistema del Derecho Positivo) es un acto vinculado o discrecional es exactamente lo que nos proponemos en el presente trabajo. Sin embargo, en esta etapa debemos concluir que en el acto vinculado las notas que determinan lógicamente los hechos que se subsumen a aquella norma son más detalladas, reduciendo el margen de apreciación interpretativa del administrador.

Sin embargo, donde exista una interpretación hay un margen de elección valorativa, porque interpretar es una actividad humana y, como tal, contenida de valores. Volveremos a la interpretación más adelante.

5. Acto discrecional

En el ítem anterior concluimos, siguiendo a Augustin GORDILLO, que no existen actos administrativos totalmente vinculados y tampoco actos administrativos totalmente discrecionales. Pasemos a fundamentar nuestras conclusiones.

Será un acto discrecional cuando exista un cierto margen de libertad que se le atribuye al administrador (por parte del legislador) para que, ante un caso concreto, opte por la solución más justa, respetándose los criterios de conveniencia y oportunidad, teniendo como objetivo el mantenimiento del interés público.

Maria Sylvia Zanella DI PIETRO añade la justicia y equidad (como características necesarias del acto discrecional) a los criterios de oportunidad y conveniencia. Estamos ante principios que, en este caso, aparecen como valores y no como límites objetivos.

La estructura lógica de la discrecionalidad se relaciona con la esfera de la libertad administrativa, que puede resultar de la hipótesis de la norma, del mandamiento de la misma o incluso de sus finalidades.

Analicemos cada una de las posibilidades:

1) Hipótesis: el hecho previsto en el antecedente de la norma, que la doctrina administrativista denomina «motivo»[47], que legitima la práctica de un acto, está delineado a través de palabras vagas e imprecisas;

[47] Celso Antônio Bandeira DE MELLO resalta que «motivo» es el término que está siendo empleado en la acepción del «presupuesto de hecho que autoriza o exige la práctica de un acto». La intención del administrador no tiene que ver con el «móvil».

2) Finalidad: el empleo de los llamados «conceptos indeterminados» en la finalidad de la prescripción normativa retorna a los motivos;

3) Mandamiento: la norma faculta un comportamiento en vez de exigirlo o le confiere al administrador la carga de decidir sobre la medida que será obligatoriamente tomada, de manera que tenga que elegir entre por lo menos dos alternativas. Son casos de libertad discrecional más amplia; y

4) Por último, la ley también puede conceder al administrador la discrecionalidad sobre la forma del acto o el momento de su práctica.

Una cuestión se muestra incontrovertida: la discrecionalidad debe estar prevista en una ley, vale decir, debe existir (en la previsión normativa hipotética) un margen de apreciación subjetiva para que el administrador pueda, ante la oportunidad y conveniencia, determinar cuál será la solución más idónea ante las diferentes posibilidades para el caso concreto.

La discrecionalidad está prevista en una ley, de forma previa, pero no olvidemos que todavía hay otro punto importante que será destacado: aunque el acto sea discrecional, el fin que será alcanzado con la realización de dicho acto debe ser un interés público primario, adoptando la distinción, creada por Renato Alessi, entre intereses públicos primarios y secundarios.

Previamente a la revisión en la ley, la búsqueda del interés público primario, la conveniencia y oportunidad se juntan a la razonabilidad y proporcionalidad para, ante el caso concreto, permitir que el administrador determine la mejor solución para una determinada situación[48].

En este punto reside otro ítem sustancial: la discrecionalidad, si es válida o inválida, si es oportuna o no, si es conveniente o inconveniente, si es fiel a la finalidad de la ley, tan solo podrá ser analizada por el Poder Judicial o por la propia Administración en control interno, ante el caso concreto.

El caso concreto es un requisito fundamental e indispensable para analizar y revisar el acto discrecional de forma eficaz.

No siempre la previsión hipotética conduce a la discrecionalidad. Si se considera que ante el caso concreto puede haber tan solo una única solución «justa» y «correcta», se puede afirmar que el pretendido margen de elección del administrador desaparecerá y el acto será «vinculado», ya con las advertencias que expusimos.

Bajo nuestras premisas, tan solo habrá discrecionalidad en las hipótesis en las que, ante una situación concreta, sea imposible reconocer de manera

48 Abrimos paréntesis para explayarnos sobre los signos utilizados arriba. Se trata nuevamente de principios, que reciben el ropaje de valores o de límites objetivos.

pacífica e incontrovertida la única solución idónea para cumplir la finalidad legal. Sin embargo, este análisis no es posible si se observa tan solo a la norma general y abstracta. El caso concreto (la norma individual y concreta producida con fundamento de validez en la norma general y abstracta) es el único dato objetivo que permitirá el control de la discrecionalidad y de la forma cómo fue ejercida.

La discrecionalidad es el fruto puro y simple de la finitud, vale decir, de la limitación humana, que, aliada a la vaguedad y ambigüedad del lenguaje, conducen a un papel de creación de normas centrado en la interpretación de aquel que lo hace. Interpretar es crear normas y hacerlo es reinterpretar el Derecho Positivo.

Al legislador ordinario, complementario o incluso constitucional, le es imposible prever todas las conductas humanas intersubjetivas que serán reguladas por la norma. No es posible que exista la previsión de todos los hechos jurídicos de posible ocurrencia.

Las previsiones normativas son relativamente abiertas porque permiten que el aplicador de la norma (el sujeto competente para la realización de aquel acto), ante el caso concreto, analice el ordenamiento jurídico y verifique en qué antecedente se encuentra la previsión más adecuada para permitir la aplicación del derecho.

La previsión hipotética abierta es muy importante para el Derecho Positivo. Sin esta apertura, el Derecho no evolucionaría como objeto social, dejando de acompañar la evolución de las conductas intersubjetivas y se tornaría, inevitablemente, anticuado y obsoleto con rapidez, exigiendo que la actividad normativa fuera demasiado eficaz, veloz y numerosa[49].

Los fundamentos de la discrecionalidad son los siguientes:

a) Procedencia de la ley;

b) Imposibilidad lógica y ontológica del ser humano para prever todas las conductas posibles en relación a todos los casos concretos posibles; e

c) Imposibilidad lógica de obstarla. Cuando la ley se vale de conceptos plurisignificativos, se tiene discrecionalidad. Luego, la discrecionalidad resulta de un imperativo lógico, vale decir, de la vaguedad de los términos.

En este sentido, concluimos que el Derecho (como una camada de lenguaje) utiliza el idioma para manifestarse. Siendo así, utiliza términos y expresiones que retira del lenguaje coloquial y técnico, apropiándose de dichos términos y expresiones idiomáticas para prescribir sus conductas.

---

49 Es importante destacar que en materia tributaria, la producción normativa es demasiado numerosa.

El uso del lenguaje no científico, por sí solo, provocaría interpretaciones conflictivas posibles y adecuadas, dentro de un mismo ordenamiento jurídico como sistema de referencia.

Ello es así porque la mayor parte de las palabras son ambiguas, y todas ellas son vagas[50]. Así, el uso del idioma es un elemento que complica el análisis de las posibles interpretaciones para un determinado caso concreto.

El Derecho Positivo es un sistema sintácticamente cerrado y semánticamente abierto. Vale decir, los textos del Derecho Positivo, en la dogmática del derecho, están predeterminados y fijados en un determinado tiempo histórico, en un determinado territorio, mientras que las proyecciones semánticas de dichos textos son inagotables.

La interpretación, la vaguedad y la ambigüedad de los términos serán desarrolladas cuando se analice propiamente el tema propuesto.

El concepto de discrecionalidad es dado como el margen de libertad que tiene el administrador para elegir, según criterios de razonabilidad, uno entre por lo menos dos comportamientos posibles ante cada caso concreto, a fin de cumplir el deber de adoptar la solución más adecuada para satisfacer la finalidad legal, cuando por fuerza de la fluidez de las expresiones de la ley no se pueda extraer de ella una solución unívoca.

Además, la imprecisión de los términos nunca es absoluta, dado que la interpretación es contextual, vale decir, sistemática. Por lo tanto, existen zonas de certezas positivas y zonas de certezas negativas.

Por ahora nos limitaremos a mantener las conclusiones que se fijaron en el ítem anterior, vale decir, no hay actos totalmente vinculados y tampoco totalmente discrecionales.

Realmente, ningún acto administrativo es totalmente discrecional. Otra conclusión atentaría contra el principio de legalidad estricta, previsto en el artículo 37 de la Constitución Federal de 1988.

Por más abierta que sea la norma general y abstracta, por más amplia que sean las interpretaciones posibles de la norma, como mínimo el sujeto competente será fijado previamente por la ley. La razonabilidad, proporcionalidad, conveniencia y oportunidad (ante el caso concreto) servirán como norte para la revisión, judicial o administrativa, de la legalidad de aquel acto. Por esta razón, ningún acto es totalmente discrecional, aunque el antecedente de aquella norma en la que se funda traiga pocos criterios para predeterminar la inclusión de clases.

---

[50] Ross, Alf. *Sobre el Derecho y la justicia.* Traducción de Genaro Carrió. Buenos Aires: Euditora, 1974, p. 130.

Existe una cuestión de nomenclatura que merece destacarse en lo que concierne a la discrecionalidad. Celso Antônio Bandeira de Mello entiende que hay relatividad en la competencia discrecional.

El autor afirma que la vinculación y la discrecionalidad son atributos de los «elementos» de los actos y no de los actos en sí considerados, vale decir, se refieren a algunos aspectos de los actos. Por lo tanto, se habla de competencia discrecional y no de acto discrecional.

La competencia discrecional es relativa, en la comprensión del citado autor, porque:

(i) Cualquiera que sea el ámbito de libertad conferido, se restringe a aquellos tópicos legalmente previstos;

(ii) La libertad otorgada solo puede ser ejercida para alcanzar la finalidad legal en función de la cual fue atribuida la competencia;

(iii) La libertad solo existe en la extensión, medida o modalidad conferidas por la ley habilitante;

(iv) La libertad otorgada a través de expresiones vagas contenidas en la ley no puede ser utilizada alejándose del campo significativo mínimo de las palabras (zona de certeza positiva y negativa); y

(v) La libertad puede ser reducida a cero ante una situación concreta, caso en el que habrá tan solo una conducta idónea que será adoptada por la Administración.

Para finalizar podemos decir que discrecional es el acto administrativo en el que la norma general y abstracta fija la competencia para la realización del acto y atribuye al sujeto competente el deber de sopesar, ante el caso concreto, entre las soluciones posibles, aquella que mejor atienda a la oportunidad, conveniencia, búsqueda del interés público primario; todo eso en una construcción interpretativa sistémica y coherente con las demás normas del ordenamiento jurídico vigente.

6. LA CUESTIÓN DE LOS CONCEPTOS JURÍDICOS INDETERMINADOS

Ya hemos analizado las cuestiones conceptuales sobre los actos administrativos vinculados y actos administrativos discrecionales y adoptamos como premisa de este trabajo que ambos no existen de forma aislada, bien por el propio proceso de aplicación del derecho (que pasa por la necesaria interpretación humana), bien por la imposibilidad de existir una previsión normativa para todas las conductas posibles, o, también, por la propia imprecisión idiomática, que nos conduciría al uso de términos imprecisos, vagos y ambiguos, permitiendo al administrador, ante el caso concreto, encontrar más de una solución justa y posible para aquella situación fáctica. Ahora veamos la cuestión de los conceptos jurídicos indeterminados.

Para enfrentar el tema, nos fundamentaremos en Antonio Francisco de Souza. Este autor afirma que en los casos de «conceptos indeterminados», en realidad, siempre hay tan solo una decisión que será tomada en el caso concreto. Tan solo una decisión «justa».

Con relación al predicado «justo», debemos realizar una advertencia. Admitir que el sistema del Derecho Positivo es un sistema compuesto exclusivamente por normas, implica admitir que ningún valor «extrajurídico» ingresa en el sistema. Los valores, como fue dicho en el primer capítulo, son inherentes al propio Derecho, al binomio lícito-ilícito, y están presentes en el momento anterior al «deber-ser», vale decir, es el «querer» que crea normas.

«Justo», «justicia» e «injusticia» son valores que están presentes en el propio texto y contexto del Derecho Positivo (en el Texto Constitucional), y en toda la doctrina administrativa, por ejemplo, pero en la condición de principios, que bajo nuestras premisas son normas en sentido amplio.

En realidad, los principios son normas que guían el análisis y la construcción de cualquier sistema de Derecho Positivo, dado que son buscados y anhelados por la sociedad, cuyas conductas serán objeto de regulación de aquel sistema.

El profesor Paulo de Barros enseña que los valores tienen un modo específico de ser, vale decir, es el «valer». Por lo tanto, tienen una significación ontológica[51].

Cuando se adopta el sistema del Derecho Positivo tan solo como norma, vale decir, compuesto tan solo por normas, se pretende que el análisis del Derecho no sea influenciada por los valores del intérprete, lo que excluye, evidentemente, aquellos que sean internos al sistema.

Sin embargo, cuando nos encontramos con la necesidad de construir el sentido de las normas, veremos que en un determinado momento todas las normas (en sentido estricto o amplio) del ordenamiento (que determinan la convergencia de las demás normas hacia la propia realización) serán fundamentales para la comprensión del grado de subjetividad al que se somete el proceso de incidencia normativo en su totalidad.

Después de este breve paréntesis, volvamos a los «conceptos jurídicos indeterminados».

Los «conceptos jurídicos indeterminados» son, aparentemente, casos de discrecionalidad, en los que el análisis del caso concreto nos conducirá a eliminar las hipótesis de discrecionalidad y la adopción de una sola solución válida para el sistema. Esto nos aproxima al concepto de acto administrativo vinculado.

---

[51] CARVALHO, Paulo de Barros. *Curso de Direito Tributário.* 19.ª ed. São Paulo: Editora Saraiva, 2007, p. 161.

El autor afirma que ante un concepto jurídico indeterminado, y ante el caso concreto, tan solo habría una solución justa, y esto confirma nuestras premisas porque no hay actos plenamente vinculados y tampoco plenamente discrecionales y que solo el análisis del caso concreto permitirá la elucidación de la solución adecuada y jurídicamente oportuna.

Garrido Falla afirma que los conceptos jurídicos indeterminados no son unánimes en la jurisprudencia. Hay una línea jurisprudencial que rechaza la existencia de los poderes discrecionales cuando la ley utiliza los llamados conceptos jurídicos indeterminados.

Este autor afirma que la diferencia entre conceptos jurídicos indeterminados y actos discrecionales fue fijada por el Tribunal Supremo de su país, en 1964, en el siguiente sentido:

a) Las facultades discrecionales se caracterizan por la pluralidad de posibles soluciones justas entre las que libremente puede escoger la Administración, según su propia iniciativa, dado que no está comprendida la solución concreta en la norma; y

b) El concepto jurídico indeterminado es configurado por la ley como un supuesto concreto, de tal forma que tan solo se otorga una única solución justa en la aplicación del concepto a la circunstancia de hecho.

Consideramos que el «concepto jurídico indeterminado» es una consecuencia ontológica del uso del lenguaje y de las proyecciones semánticas que la evolución del Derecho, objeto esencialmente cultural, proporciona.

Toda expresión idiomática no científica admite un nivel de indeterminación, que tan solo será aclarado en el caso concreto. Si el administrador encontrase una sola solución, estaremos frente a los actos vinculados. Si en el caso concreto hubiese más de una solución, estaremos frente a los actos discrecionales.

Aquí debemos realizar una observación: el lenguaje del científico del Derecho será unívoco, dado que reduce el número de impropiedades, usos incorrectos y ambiguos. Sin embargo, el lenguaje del científico no es prescriptivo, sino descriptivo de situaciones objetivas, vale decir, metalenguaje que se superpone al lenguaje objeto que es el Derecho Positivo.

Tan solo los lenguajes formalizados no tienen niveles de indeterminación, dado que son totalmente unívocos, como la lógica y la matemática. El lenguaje del Derecho tiene niveles de indeterminación que se agravan con la evolución de la sociedad, pero no olvidemos que el Derecho es un objeto cultural, vale decir, es fruto de esta misma sociedad siempre en evolución.

Sin embargo, resáltese que en cualquier situación el hombre, como intérprete y creador del Derecho, tendrá un margen, dentro del proceso de subsunción del hecho a la hipótesis normativa, para valorar la creación o no de una determinada norma.

El Supremo Tribunal Federal, manifestándose sobre el tema de la discrecionalidad, en voto del Magistrado Eros Grau[52], prescribe lo siguiente:

> Temario: RECURSO EN MANDATO DE SEGURIDAD. FUNCIONARIO PÚBLICO. PROCESO ADMINISTRATIVO. DESPIDO. PODER DISCIPLINARIO. LÍMITES DE ACTUACIÓN DEL PODER JUDICIAL. PRINCIPIO DE AMPLIA DEFENSA. ACTO DE IMPROBIDAD. 1. Funcionario del DNER dimitido por un acto de improbidad administrativa y por valerse del cargo para obtener un provecho personal de otro, en detrimento de la dignidad de la función pública, con base en el encabezado del artículo 11 e inciso I, de la Ley N.° 8.429/92 y artículo 117, IX, de la Ley N.° 8.112/90. 2. *La autoridad administrativa está autorizada a realizar actos discrecionales tan solo cuando la norma jurídica válida le atribuyese de forma expresa esa libre actuación. Los actos administrativos que incluyen la aplicación de «conceptos indeterminados» están sujetos al examen y control del Poder Judicial. El control jurisdiccional puede y debe incidir sobre los elementos del acto, a la luz de los principios que rigen la actuación de la Administración.* 3. Proceso disciplinario en el cual se discutió la ocurrencia de desidia - artículo 117, inciso XV de la Ley N.° 8.112/90. Aplicación de la penalidad con fundamento en un precepto diverso del indicado por la comisión de investigación. El ilícito administrativo no puede ser abierto al punto de imposibilitar el derecho de defensa. Por otra parte, el motivo presentado se mostró inválido ante las pruebas obtenidas en los autos. 4. Acto de improbidad: la aplicación de las penalidades previstas en la Ley N.° 8.429/92 no le corresponde a la Administración, dado que es privativa del Poder Judicial. Después de verificarse la realización de los actos de improbidad en el ámbito administrativo, cabría la representación del Ministerio Público para proponerse la competente acción, y no la aplicación de la pena de despido. Recurso ordinario declarado procedente (los destacados son nuestros).

Sin embargo, se advierte que los «actos vinculados» y los «actos discrecionales» son conceptos relativos y deben ser comprendidos dentro de la integridad sistémica del Derecho, que presupone la interpretación humana para la aplicación de las normas generales y abstractas y un sistema semánticamente abierto, lo que por sí solo torna inevitable la discrecionalidad.

---

[52] BRASIL. Supremo Tribunal Federal. *Recurso em Mandado de Segurança*. N.° 24699 - DF. Relato del Magistrado Eros GRAU. Brasília, DF, 30 de noviembre del 2004. Disponible en el siguiente link: <http://www.stf.gov.br/portal/jurisprudencia/listarJurisprudencia.asp?s1=24699.NUME.+E+RMS.SCLA.&base=baseAcordaos>. Visto el 07-01-08.

7. CONCLUSIONES PRELIMINARES - LA DIVISIÓN LÓGICA DE LOS ACTOS ADMINISTRATIVOS

Este capítulo es muy importante porque podremos fijar los conceptos que nosotros aplicaremos en el Derecho Tributario.

La propuesta es verificar cómo actúa el Derecho Tributario, dentro de sus premisas, en el proceso de positivización del Derecho, ante los actos vinculados, discrecionales o ante los conceptos jurídicos indeterminados.

La conclusión preliminar a la que llegamos es consecuencia lógica de aquello que ya fue abordado en los ítems anteriores.

Admitimos la distinción doctrinaria de los actos administrativos vinculados y discrecionales. Sin embargo, entendemos que esta distinción revela más utilidad doctrinaria que pragmática.

Ello es así porque, como ya fue dicho anteriormente, entendemos que ningún acto administrativo es totalmente vinculado o totalmente discrecional.

Admitiendo el concepto de acto vinculado, que sería aquel donde el administrador no utiliza la subjetividad para la aplicación de la ley, entendemos que la aplicación de la ley prescinde de la interpretación, y el proceso interpretativo parte de la premisa necesaria de que un ser humano, ante el caso concreto, observe la norma general y abstracta y extraiga de ella la posibilidad o no de subsunción.

Este análisis realizado por un ser humano, por sí solo, ya constituye un elemento suficiente para que incluso en el acto vinculado, donde en tesis el sujeto autorizado por ley para que lo edite no tendría un margen de subjetividad, sea influenciado por sus valores personales e impregne dicho acto con su valoración.

Interpretar es aplicar el Derecho. Considerando que el Derecho es un objeto cultural y un sistema semánticamente abierto, entendemos que no hay un acto plenamente vinculado en el universo de las normas individuales y concretas, dado que es una consecuencia de la propia operación lógica de la incidencia.

En cuanto a los actos discrecionales, ya sea por el uso idiomático, ambiguo y vago por sí solo o porque es imposible que el Derecho pueda prever todas las posibles conductas humanas intersubjetivas, siempre existirán estos actos, pero nunca totalmente abiertos a la voluntad del administrador, vale decir, al libre albedrío del administrador.

Ello es así porque la discrecionalidad debe estar prevista en una ley. Además, debe guiarse por la razonabilidad, por la proporcionalidad, por la buena fe, por el desvío de poder y debe buscar, siempre e inexorablemente, el interés público primario.

Por estas razones, por más amplia que sea la previsión normativa hipotética, siempre habrá, ante el caso concreto, formas de control de los actos discrecionales.

Por último, con relación a la existencia o no de los llamados conceptos jurídicos indeterminados, entendemos que toda palabra o expresión idiomática admite diversas interpretaciones posibles, especialmente si son analizadas en el transcurrir de la evolución del tiempo histórico, de la complejidad del caso concreto. Por esta razón, el concepto jurídico indeterminado, si es aplicado al caso concreto y tan solo permitiese una solución posible, es realmente un acto administrativo vinculado; si es aplicado al caso concreto y permitiese más de una solución posible, entonces es un acto administrativo discrecional que se guía por los fundamentos reguladores ya discutidos.

En este sentido, proponemos una división de los actos administrativos, pero no por su previsión general y abstracta, dado que nos conduciría a la división clásica entre actos administrativos vinculados y actos administrativos discrecionales y, también, nos remitiría a la cuestión de la existencia o no de conceptos jurídicos indeterminados.

La división lógica que proponemos no toma como referencia a la norma general y abstracta en la que se funda el acto administrativo que será practicado, sino el propio acto administrativo concreto (la norma individual y concreta puesta por el sujeto competente en el sistema del Derecho Positivo, vale decir, el propio acto administrativo).

Analizando los actos administrativos por su concreción, por el aspecto de su aplicación, la clasificación entre actos administrativos discrecionales o actos administrativos vinculados es segura e inequívoca: si en el caso concreto pudiésemos tener más de una solución coherente posible, entonces el administrador tuvo un margen de elección para actuar. El acto, producto de la acción de aquel agente, es discrecional.

Si en el caso concreto no hay más de una solución posible, aunque haya en la norma general y abstracta conceptos jurídicos indeterminados o una pretendida situación de discrecionalidad, entonces estamos frente a los actos vinculados.

Esta división toma como referencia el elemento más importante para que exista un acto administrativo: su contenido, el caso concreto, la relación de pertinencialidad que debe existir en el sistema para su práctica. El acto administrativo es una norma individual y concreta.

Además, este análisis «de atrás hacia adelante», que parte del caso concreto hacia la norma general y abstracta, tiene la ventaja de eliminar las cuestiones meramente didácticas sobre la teoría de los actos discrecionales o vinculados y se procede, en el caso concreto, a examinar cuestiones como razonabilidad, proporcionalidad, buena fe, finalidad, búsqueda del interés público, que, en un último análisis, son cuestiones más importantes y sustanciales para el análisis del acto administrativo que las cuestiones previas, que, en la práctica, pueden mostrarse obsoletas.

Un ejemplo de eso es el hecho de que exista, en una norma, un concepto jurídico indeterminado, dado que se admite la existencia de estos conceptos a través de la hipótesis. Tratar largamente sobre la utilidad y la forma cómo dichos conceptos son aplicados, sin el caso concreto, es una discusión contraproducente.

Al Derecho Tributario le servirá mucho el análisis de sus propios principios: legalidad estricta, anterioridad, no confiscatoriedad, seguridad jurídica, capacidad contributiva (bien como valores o como límites objetivos).

Proponemos que, en primer lugar, se analice el caso concreto a la luz de los elementos y presupuestos de existencia y validez de los actos, que se realice una interpretación sistémica de aquel caso concreto con la legislación vigente y se encuentre tan solo una solución. Este acto se clasifica como vinculado.

Si se encuentra más de una solución válida, entonces lo clasificamos como un acto discrecional.

El análisis del «producto» del «proceso» de la creación del derecho es el único capaz de verificar con precisión la constitucionalidad o legalidad de una norma individual y concreta.

Otra ventaja de esta clasificación es la inutilidad de las discusiones sobre los llamados conceptos jurídicos indeterminados, dado que, desde nuestra óptica, dichos conceptos resultan del propio uso del lenguaje idiomático y su interpretación (ya sea en los llamados actos vinculados o en los llamados actos discrecionales) dependerá del caso concreto.

En los estrechos límites de este trabajo no se pretende abandonar una clasificación tan útil como la que divide los actos administrativos en discrecionales y vinculados.

Tan solo se pretende demostrar que en el sistema del Derecho Positivo, como objeto cultural y fruto de la acción del hombre y de la evolución de este propio hombre, cualquier clasificación estancada perderá su utilidad.

Es cierto que muchos autores tratan sobre los actos vinculados, y el único ejemplo concreto que se consigue manifestar para estos actos es la concesión de la jubilación por edad y tiempo de servicios para el funcionario público. Entendemos que, salvo un mejor juicio, incluso este acto administrativo presupone un mínimo de subjetividad, lo que solo podrá ser analizado si se parte del acto administrativo concreto y no de su previsión general y abstracta.

El profesor Paulo de Barros CARVALHO[53] adopta una posición idéntica. Veamos sus enseñanzas:

> Parto de otras premisas, que no conceden garantías de unisignificación, salvo para los términos de los lenguajes formalizados, entendiendo que todos los vocablos de los lenguajes de objetos no ideales son vagos y, al menos potencialmente, ambiguos. Además, no creo que pueda existir un comportamiento de la Administración que esté destituida de la apreciación subjetiva.

Este análisis será mucho más útil para el objetivo de este trabajo, vale decir, se pretende verificar cómo las normas individuales y concretas producidas en el ámbito de la legislación tributaria se caracterizan: discrecionales o vinculadas.

Para ello partiremos de la propia norma individual y concreta de la determinación como norma, acto y procedimiento para alcanzar nuestras conclusiones.

---

[53] CARVALHO, Paulo de Barros. *Curso de Direito Tributário*. 19.ª ed. São Paulo: Editora Saraiva, 2007, p. 372.

CAPÍTULO 4

FENOMENOLOGÍA DE LA INCIDENCIA - NACIMIENTO DE LAS NORMAS INDIVIDUALES Y CONCRETAS

Ya hemos afirmado que no existe, dentro de nuestras premisas, una distinción absoluta entre los actos administrativos vinculados y los actos administrativos discrecionales, y también concluimos que no existen conceptos jurídicos indeterminados porque, para nosotros, el uso idiomático conduciría a la imprecisión natural del lenguaje del Derecho Positivo. Ahora aplicaremos estas premisas en el Derecho Tributario.

El Derecho Positivo es uno e indivisible, y una división tan solo se justifica para fines meramente didácticos.

La propuesta que hicimos es un análisis de la naturaleza de los actos administrativos, que no siempre parte de la previsión hipotética de la norma general y abstracta, sino del producto del proceso de positivización del derecho, vale decir, se parte de la norma individual y concreta que documenta la incidencia[54].

Ahora aplicaremos dichos conceptos al Derecho Tributario porque pretendemos comprender cómo la teoría de los actos administrativos influye en la formación de la norma individual y concreta en materia tributaria: la determinación tributaria.

Para poder comprender profundamente la presente cuestión, será necesario que estudiemos el proceso de positivización del derecho tributario, aplicando las categorías estudiadas del Derecho Administrativo, como una forma de intentar elucidar el proceso de formación de las normas individuales y concretas (productos del acto administrativo tributario bajo una de sus perspectivas).

---

[54] Esta expresión fue utilizada por el profesor Paulo de Barros Carvalho, como abertura del ítem 6 del capítulo XII, en su 19.ª edición de la obra *Curso de Direito Tributário.*

1. EL PROCESO DE POSITIVIZACIÓN DEL DERECHO TRIBUTARIO - LA FENOMENOLOGÍA DE LA INCIDENCIA

El proceso de positivización del derecho tributario es el proceso de creación de las normas individuales y concretas, y esta creación de normas ocurre a través de la incidencia tributaria. Crear derecho equivale a aplicarlo.

La incidencia tributaria revolucionó gracias a la doctrina que promueve el profesor Paulo de Barros Carvalho. En una de sus obras «Derecho Tributario: Fundamentos Jurídicos de la Incidencia» aplicó la teoría del lenguaje a la incidencia tributaria. Este gran profesor destacó el papel fundamental del lenguaje en la creación de las «realidades», especialmente en aquellas aplicadas al Derecho Tributario.

Dentro de la inevitable premisa del lenguaje, analizaremos la determinación tributaria desde el punto de vista de la teoría de los actos administrativos. Pasemos a enfrentar el tema propuesto.

Eurico Marcos Diniz de Santi y Paulo Cesar Conrado definieron el proceso de positivización del derecho tributario de la siguiente forma[55]:

> El proceso de positivización del derecho tributario parte de las competencias tributarias, que están delineadas constitucionalmente, avanzando desde el ejercicio de estas competencias, fuentes materiales que producen la ley, a la determinación tributaria, que juridiciza la incidencia tributaria, constituyendo la relación jurídico-tributaria y su fundamento (el hecho tributario).

Adoptemos el proceso de positivización del derecho según la definición que acabamos de manifestar: se inicia en las competencias constitucionales, delineadas por el legislador constituyente originario en la Constitución, y llega a la parte final con la determinación tributaria (ya sea aquella producida por el contribuyente o por la Administración).

La profesora Fabiana Del Padre Tomé[56] advierte que la «aplicación del derecho no dista de la propia producción normativa».

El proceso de positivización del derecho tributario, desde el prisma lógico del análisis, es la concatenación de operaciones lógicas, que no poseen un orden cronológico, sino un orden lógico: subsunción e implicación.

---

[55] Mandado de Segurança em Matéria Tributária, definindo e interrelacionando conceitos fundamentais: «Direito Líquido e Certo», «Ato Coator», «Medida Liminar», «Sentença», «Periculum in Mora» e «Fumus Boni Iuris», *in Revista Dialética de Direito Tributário*. São Paulo: Dialética. N.° 90, marzo de 1993, p. 49.

[56] Tomé, Fabiana Del Padre. *A Prova no Direito Tributário*. 1.ª ed. São Paulo: Editora Noeses, 2005, p. 31.

La norma general y abstracta es la materialización del ejercicio de las competencias constitucionales.

El legislador, considerado como competente por la Constitución, inserta en el sistema del Derecho Positivo una norma general y abstracta, vale decir, una norma que trae en su antecedente la previsión hipotética de un hecho de posible ocurrencia en el mundo fenoménico. Son enunciados connotativos que se proyectan hacia el futuro, sin seleccionar ningún hecho en especial.

No hay una previsión específica de un hecho, sino solo notas que determinan lo mínimo para que aquel hecho social sea reconocido como presente en aquel antecedente normativo y reconocido como hecho tributario (hecho imponible), y en el supuesto que se genere se debe verificar en el mundo de los hechos y realizar una versión en el lenguaje competente de aquella ocurrencia a través de un agente competente.

Un hecho tan solo será reconocido como jurídico cuando una norma le vincule efectos. Ser jurídico es existir para el universo del Derecho Positivo, vale decir, para el sistema jurídico.

No hay incidencia tributaria sin la acción del hombre. No hay un acto administrativo sin la acción del hombre. No hay lenguaje del derecho sin el hombre. El lenguaje producido por el hombre para el universo del Derecho, de la forma como el propio Derecho lo prevé, es muy necesario para que exista un acto administrativo, determinación tributaria y cualquier «realidad» para el Derecho.

Evidentemente estas conclusiones no se aplican tan solo al Derecho. También considero (al igual que muchos cientistas) que toda la realidad es constituida por el lenguaje.

La declaración de voluntad del Estado que está presente en los actos administrativos (en la determinación tributaria) es la manifestación del agente habilitado por el sistema para reconocer en ese hecho (que ocurrió en el mundo de la facticidad social) aquel antecedente previsto en la norma general y abstracta.

Este proceso de enunciación, de reconocimiento, se realiza en la mente humana, donde las normas existen, dado que las normas no son tintas en el papel, no son textos de Derecho Positivo, sino son proposiciones jurídicas creadas en la mente de cada uno de los intérpretes.

La subsunción del hecho a la norma (la subsunción como primera operación lógica de la incidencia) se advierte cuando existe una versión en lenguaje competente de la ocurrencia de aquel mismo hecho, que, en aquel momento, se torna jurídico, adquiere el predicado de «jurídico», y, con eso, desencadena la segunda operación lógica de la incidencia: la implicación.

La implicación es un vínculo lógico (causalidad jurídica) que hace nacer, automática e infaliblemente después del nacimiento del hecho jurídico tributario, la relación jurídica prevista en el consecuente.

Lourival VILANOVA[57], cuando trata sobre la causalidad normativa, enseña que hay una relación de causalidad natural entre la conducta y el resultado, que sirve de soporte fáctico para la consecuencia punitiva. Sin embargo, la relación causal ingresa en la hipótesis: se califica, vale decir, se torna relevante para el sistema jurídico.

Lourival VILANOVA también afirma que la norma jurídica construye la relación entre el hecho jurídico y su eficacia.

El consecuente de la norma general y abstracta trae una relación jurídica que se proyecta hacia el futuro. Si ocurriera el hecho previsto en el antecedente, entonces nacerá la relación jurídica entre dos sujetos de derecho distintos, en torno a una prestación.

En el Derecho Tributario, esa prestación pecuniaria puede incluir una obligación tributaria (prevista en la norma primaria dispositiva) o una norma sancionatoria (también prevista en la norma primaria). La norma secundaria siempre es procesal y resulta del incumplimiento de la norma primaria.

Al respecto, Maria Rita FERRAGUT[58] afirma lo siguiente:

> Enfocando tan solo a las normas primarias, tenemos la dispositiva y la sancionatoria, que se distinguen por la licitud del hecho que implica la consecuencia de la norma jurídica. Formalizando, tenemos lo siguiente: D [(a □ c) . (-c □ s)], en el que debe-ser que, dado el antecedente, debe ser el consecuente, y dado el no-consecuente, debe ser la sanción. El incumplimiento de las conductas prescritas en el consecuente de las normas primarias (dispositiva, sancionatoria o ambas) actúa como presupuesto fáctico para la aplicación de la norma sancionadora judicial, que confiere la posibilidad de emplearse la coercitividad por el Estado.

1.1. La fenomenología de la incidencia desde el punto vista semiótico

Analizar la fenomenología de la incidencia fundamentados en la dicotomía hecho-evento nos obliga a analizarla, también, desde el punto de vista semiótico.

Por esta razón, haremos uso de la buena doctrina de la profesora Clarice von Oertzen DE ARAÚJO, que, en una clase memorable impartida en el Grupo de Estudios del profesor Paulo de Barros Carvalho, nos enseñó sobre el tema.

---

57 VILANOVA, Lourival. *Causalidade e Relação no Direito*. 4.ª ed. São Paulo: Editora Revista dos Tribunais, 2000, p. 63.

58 FERRAGUT, Maria Rita. *Presunções no Direito Tributário*. 2.ª ed. Quartier Latin, p. 37.

La profesora Clarice enseña que los eventos tan solo son, según la comprensión de la propia física contemporánea, «una porción del continuo espacio-temporal». Hay dos transcripciones más en la citada obra que esclarecen la dicotomía hecho-evento de forma clara: la primera, de Tércio Sampaio FERRAZ, y la segunda, del profesor Paulo de Barros CARVALHO[59]. Analicemos ambas:

> El hecho no es algo concreto, sensible, sino un elemento lingüístico capaz de organizar una situación existencial como realidad. Sin embargo, la posibilidad de usarse el elemento «es un hecho que» depende de reglas estructurales. Puede ser usado para el pasado y presente, pero no para el futuro.
>
> Con el mero evento, sin que adquiera la expresión en lenguaje competente, transformándose en hecho, no se puede hablar de fenómeno de la incidencia jurídica. La percusión de la norma presupone un relato en lenguaje propio: es el lenguaje del derecho constituyendo la realidad jurídica.

La incidencia, desde el prisma semiótico, es una relación icónica. Expliquemos lo que acabamos de manifestar con una interesante cita de la profesora Clarice:

> Una relación icónica es una posibilidad de representación del objeto por el signo, a través de una asociación por similaridad, por un interpretante efectivo, cuando esta inferencia sea realizada. Esto es precisamente lo que ocurre con una subsunción jurídica, al verificarse que a un caso concreto puede ser aplicado una determinada norma. El proceso de subsunción tiene un carácter abductivo, dado que se presenta inicialmente como una propuesta que debe ser confirmada por la autoridad de la ley, por el editor normativo.

Este análisis semiótico corrobora (con todos los argumentos hasta aquí utilizados) que será de gran importancia en el transcurso de este trabajo, dado que fundamenta el mensaje que nos propusimos defender: el proceso de incidencia jurídica es libre porque presupone una asociación por similaridad, y esta operación de «asociación» ocurrirá en la mente del intérprete, que tiene como norte a la norma general y abstracta, al hecho social y al acontecimiento en el mundo fenoménico.

En la obra en cuestión, se relata que es necesario la existencia de tres substratos semióticos, simultáneamente, para que exista la incidencia normativa, a saber[60]:

> El primero está compuesto por un lenguaje verbal o no verbal, que representa el evento real y lo traduce en hecho; el segundo pertenece a las pro-

[59] ARAÚJO, Clarice von Oertzen de. *Semiótica do Direito*. 1.ª ed. São Paulo: Quartier Latin, 2005, p. 53. Este libro ya fue publicado en la editorial Grijley.

[60] *Ibídem*, p. 63.

pias normas generales y abstractas, vale decir, el Derecho Positivo crea enunciados connotativos que se refieran a los hechos sociales y permite su identificación; finalmente, el tercero, producto de la intersección de los dos primeros, traduce el hecho social o semiótico en hecho jurídico.

La coexistencia de estos tres substratos semióticos será vertida en lenguaje después de su reconocimiento por el intérprete (aplicador del derecho). La semiótica lo denomina como «interpretante».

De esta forma, el proceso de nacimiento de la norma individual y concreta en materia tributaria pasa por la necesaria operación mental del hombre, que analiza la norma general y abstracta y, «queriendo», hace nacer la norma individual y concreta a través del proceso de incidencia tributaria, cuyo producto es la determinación tributaria.

La semiótica aplicada al Derecho Tributario, trabajando con idénticas premisas, reconoce que el proceso de incidencia es libre. El objeto dinámico (la realidad, los eventos) nunca será completamente agotado por el objeto inmediato, que es el hecho semiótico tributario que lo relata.

El objeto semiótico es una representación semiótica de la realidad o del objeto dinámico[61]. Por lo tanto, equivale a decir que, dentro de nuestras premisas, ese objeto dinámico no existe hasta que se torne objeto inmediato. Y este objeto inmediato, si es constituido por el lenguaje competente, no solo será un hecho semiótico, sino un hecho jurídico, porque está previsto en el antecedente de una norma general y abstracta.

El reconocimiento de que el objeto dinámico difiere del objeto inmediato y que este último no consigue representarlo en su integridad permite que, analógicamente, podamos sostener que la norma (como un objeto inmediato) jamás representará la conducta en su integridad y, por eso mismo, ningún acto será totalmente vinculado o discrecional. Ante la imposibilidad de lo «real», las conductas, los objetos dinámicos serán descritos en un lenguaje competente para el derecho -hecho semiótico tributario- en su integridad, en la condición de objeto inmediato.

Este ítem del trabajo representa tan solo una pequeña muestra de los dominios semióticos y no tiene la pretensión de agotar el tema, sino solo demostrar que la semiótica del derecho es un poderoso recurso para la comprensión de la fenomenología de la incidencia tributaria.

La interpretación del Derecho, como un proceso que crea normas, será analizado por nosotros desde el prisma de los actos administrativos. ¿La aplicación del derecho, como un proceso de creación de las normas individuales y concretas, es un acto administrativo vinculado o discrecional?

---

61 *Ibídem*, p. 61.

Si admitimos que ninguno de los dos conceptos existe aisladamente como pretende la doctrina administrativa, que no hay un acto absolutamente vinculado o ejercicio discrecional y, también, que todos los conceptos en el Derecho Positivo tienen un grado de indeterminación, debido a la vaguedad y ambigüedad del propio lenguaje, ¿la aplicación de la norma tributaria, en el momento de su aplicación, reservaría un grado de discrecionalidad al agente público?

Ahora analicemos la determinación en sí, como acto, procedimiento y norma, porque pretendemos responder la pregunta que acabamos de realizar.

2. LA DETERMINACIÓN TRIBUTARIA: ACTO, NORMA Y PROCEDIMIENTO

El análisis de la determinación tributaria nos obliga a ingresar en diversas doctrinas que la analizan desde diversas ópticas.

Lejos de ser una conceptuación simple, la determinación, como todo signo, tiene un grado de indeterminación e imprecisión que obligan a que el intérprete inicie el trabajo de elucidación para permitir la comprensión del tema.

La problemática de la cuestión fue desarrollada de forma adecuada por el profesor Paulo de Barros, que, anteriormente, ya apuntaba hacia el problema de las múltiples significaciones del vocablo determinación[62]:

> La determinación es el proceso en el que se fija el sujeto pasivo y el cálculo de la deuda tributaria, así como la norma individual y concreta, puesta en el sistema con la expedición del acto de la determinación.
>
> La determinación es un acto, procedimiento y norma.

Iniciemos nuestro análisis con el concepto de procedimiento. Gregorio Robles, al analizar el procedimiento, lo vincula directamente con el concepto de acción. Este autor afirma que la acción está vinculada a un determinado procedimiento y tan solo podemos reconocer acciones y procedimientos si analizáramos ambos, conjuntamente, dado que un procedimiento sería un conjunto de elementos antecedentes para la acción en sí misma, desde el punto de vista estático y dinámico.

Una acción desde el punto de vista dinámico sería un procedimiento o un conjunto de acciones que pretenden culminar en un resultado concreto. Por lo tanto, un procedimiento sería una norma que establece lo que un sujeto debe hacer para realizar una acción.

Adoptando esta premisa, no es complejo o difícil admitir que la determinación tributaria es un procedimiento, dado que, desde el punto de vista diná-

---

62 CARVALHO, Paulo de Barros. *Curso de Direito Tributário.* 19.ª ed. São Paulo: Editora Saraiva, 2007, p. 374.

mico, representaría un conjunto de actos, de acciones, que tendría que ejecutar un determinado sujeto para concluir una determinación, entendida como acto, como acción desde el punto de vista estático.

Apliquémoslo al Derecho Tributario: imaginemos el caso de un procedimiento de autodeterminación del Impuesto sobre Servicios de Cualquier Naturaleza (ISSQN) de un estudio jurídico.

Desde el punto de vista estático, la acción que se pretende ejecutar es insertar en el sistema del Derecho Positivo, a través del lenguaje prescrito en el propio sistema como hábil, una norma individual y concreta que determine la base de cálculo del tributo, la alícuota, identifique a los sujetos de derecho y cumpla con los requisitos del artículo 142 del Código Tributario Nacional.

El procedimiento establecido por el derecho para que dicha determinación pueda operar de forma válida no es más que una serie de acciones, concatenadas y secuenciales, que también reciben el nombre de determinación.

El profesor Paulo de Barros Carvalho[63] nos enseña que la cronología es una parte integrante de la noción de procedimiento, dado que si no detectamos la presencia del factor temporal, entrometido entre los actos, estaremos ante acciones simultáneas destituidas de sentido como categoría definida de actuosidad.

Intentemos ejemplificar lo manifestado con el Impuesto sobre Servicios de Cualquier Naturaleza (ISSQN).

El sujeto pasivo debe registrar los comprobantes de pago prescritos en la legislación en aquel mes (primera acción); debe, con base en aquellos documentos, calcular el monto de la renta bruta de los servicios de aquel mes (segunda acción); debe verificar en la Lista de Servicios de aquel municipio la alícuota aplicable (tercera acción); debe llenar la guía enviada por el municipio con los datos correctos (cuarta acción); debe, provisto de la guía/carné, ir hasta una agencia bancaria para realizar el pago y finiquitar la guía, a través del pago de aquella cuantía al sujeto activo (quinta acción); y debe archivar adecuadamente la guía durante el plazo de prescripción exigido por la legislación (sexta acción).

El procedimiento de la determinación no depende del pago del tributo, dado que existen tributos determinados y no pagados. Sin embargo, para que exista autodeterminación y pago, el procedimiento es el descrito arriba, en un municipio hipotético, que tomamos como referencia tan solo para demostrar que la determinación es un procedimiento, vale decir, un conjunto de acciones desde el punto de vista dinámico.

---

[63] Carvalho, Paulo de Barros. *Direito Tributário, Linguagem e Método*. São Paulo: Ed. Noeses, 2008, pp. 440 y 441.

El profesor Paulo de Barros CARVALHO, en el Grupo de Estudios que mantiene, enseña que el tiempo es interno al procedimiento y externo para la norma y el acto. No hay una secuencia procedimental sin el tiempo. Este gran maestro afirma que el «procedimiento siempre es desarrollado y camina en la dirección de un objetivo adredemente estipulado. No tiene, en sí mismo, un sentido unitario, como el acto, sino que lo preordena para obtenerlo»[64].

Luego, el acto, una acción es el resultado de un procedimiento. Son momentos significativos de una misma realidad.

Regulando esta acción (desde el punto de vista estático a la que se refiere Gregorio Robles) y regulando el procedimiento, acción (desde el punto de vista dinámico en la nomenclatura del mismo autor), tenemos normas: normas que crean los actos, las acciones, aisladamente consideradas o en conjunto, formando procedimientos. Todo son normas en el universo del Derecho Positivo.

La norma del artículo 142 del Código Tributario Nacional establece que la determinación es un conjunto de normas que pretende, a través de un procedimiento también normativo, culminar en la práctica de un «acto», que, para nuestro estudio, será estudiado desde el punto de vista administrativo y tributario.

Por lo tanto, la determinación vista como un acto es aquel resultado de los procedimientos prescritos como necesarios para la creación, para la realización de la acción, del acto de determinar y todas estas acciones, aisladas o consideradas en conjunto. Tan solo son relevantes para el derecho porque son previstas, vale decir, son prescritas en normas.

Este es el ángulo desde el cual se analizará la determinación tributaria: como acto, procedimiento y norma.

Considerando los conceptos que son fundamentales para la comprensión de los mensajes que pretendemos transmitir, adoptamos el concepto de determinación desarrollado en la obra del profesor Paulo de Barros CARVALHO[65]:

> La determinación tributaria es el acto jurídico administrativo, de la categoría de los simples, constitutivos y vinculados, a través de la cual se inserta en el ordenamiento jurídico brasileño una norma individual y concreta, que tiene como antecedente el hecho jurídico tributario y como consecuente la formalización del vínculo obligacional, por la individualización de los sujetos activo y pasivo, la determinación del objeto de la prestación, formado por la base de cálculo y la correspondiente alícuota, así como por el establecimiento de los términos espacio-temporales en los que el crédito será exigido.

---

64 CARVALHO, Paulo de Barros. *Curso de Direito Tributário.* 19.ª ed. São Paulo: Editora Saraiva, 2007, p. 420.

65 *Ibídem*, p. 383.

En este momento analizaremos la determinación como acto, administrativo y tributario, pero sin olvidar que este «acto administrativo-tributario» jamás dejará de ser norma, dado que todo son normas para el Derecho Positivo.

3. LA NORMA TRIBUTARIA EN SENTIDO ESTRICTO COMO ACTO ADMINISTRATIVO: LA DETERMINACIÓN

Definimos el acto administrativo como una declaración del Estado, vale decir, una norma individual y concreta que encuentra en su antecedente la previsión hipotética de un hecho social de posible ocurrencia en el mundo fenoménico. Administrativamente, representa un deber-poder del Estado, dada la ocurrencia de aquel hecho social, para que el agente autorizado por el sistema la constituye en un lenguaje competente por el proceso de subsunción y, entonces, automática e infaliblemente, nacerá la relación jurídica prevista en el consecuente (en este consecuente hay un modal deóntico [permitido, prohibido y obligatorio]).

Por ejemplo, un acto administrativo que concede la jubilación por tiempo de servicio. Este ejemplo es muy citado por los administrativistas como un acto totalmente vinculado.

El agente administrativo verifica el pedido de jubilación, también en un lenguaje competente. Analiza la norma general y abstracta que trae en su hipótesis la siguiente prescripción:

> Si el funcionario público en un tiempo «x», cumplidas ciertas condiciones y con el requerimiento adecuado también prescrito en una norma.
>
> En el consecuente de esta misma norma está la siguiente prescripción:
>
> Entonces debe ser la concesión de jubilación por tiempo de servicio.

Esta norma crea una relación jurídica en su consecuente entre la Administración y el funcionario, determinando que la Administración tiene la obligación de pagar la jubilación al sujeto de derecho, dado que este tiene el derecho subjetivo de recibir una cuantía en dinero durante el resto de su vida.

Por lo tanto, la concesión de la jubilación, como un acto administrativo, es una declaración de voluntad del Estado, que da concreción a una legislación anterior. Es el Estado actuando dentro de las competencias que le son atribuidas para dar operatividad a los preceptos legales preestablecidos.

Este «acto administrativo» también es un procedimiento y norma. Es un procedimiento porque (para que exista el acto en su aspecto estático) es necesario que se cumpla una serie de otros actos, que dinámicamente representan el procedimiento.

Es una norma porque para el Derecho todo son normas. El Derecho Tributario opera con las mismas premisas.

Un acto tributario (una determinación tributaria estudiada desde el punto de vista de un acto) no es más que una concatenación de actos que en conjunto se denomina procedimiento, todos regulados por normas que pretenden insertar una norma individual y concreta en el sistema del Derecho Positivo. Esta última norma individual y concreta también se denomina determinación.

La determinación tributaria es un acto administrativo de la misma forma. Considerando la naturaleza de la competencia tributaria y de su ejercicio, no se puede negar que el acto de determinación es una declaración de voluntad del Estado que da concreción a una ley previamente instituida.

No es obsoleto que analicemos lo que prescribe el artículo 142 del Código Tributario Nacional (este texto del Derecho Positivo es el fundamento para la proposición jurídica):

> Art. 142. Compete privadamente a la autoridad administrativa constituir el crédito tributario por la determinación, así entendido el procedimiento administrativo que pretende verificar la ocurrencia del hecho generador de la obligación correspondiente, determinar la materia tributable, calcular el monto del tributo debido, identificar el sujeto pasivo y, siendo el caso, proponer la aplicación de la penalidad pertinente.
>
> Párrafo único. La actividad administrativa de la determinación es vinculada y obligatoria, bajo pena de responsabilidad funcional.

La propia lectura del artículo 142 nos conduce a la siguiente idea: la determinación es un acto, procedimiento y, desde otro punto de vista, una norma que inserta otra norma en el sistema.

Debemos recordar que las normas se insertan en el sistema en pares, vale decir, una norma introductora y una norma introducida de forma conjunta.

Sin embargo, una parte de la expresión del artículo 142 genera controversias: actividad administrativa plenamente vinculada.

Esta expresión nos obliga a preguntarnos de forma inexorable lo siguiente: ¿y la autodeterminación?

Para la autodeterminación será necesario un análisis específico.

4. LA AUTODETERMINACIÓN: NORMA INSERTADA POR EL SUJETO PASIVO DE LA OBLIGACIÓN TRIBUTARIA

Dentro del concepto de acto administrativo que fijamos siempre habrá un agente estatal, habilitado por el sistema para insertar una norma válida.

La norma insertada por el sujeto pasivo (en el sistema) no tiene la condición de «acto administrativo». El papel del Estado en esa norma individual y concreta está vinculado a otro tipo de procedimiento, no de inserción de una norma propiamente dicha, sino de una facultad de revisión y determinación de oficio o de un silencio administrativo que generará efectos en la esfera de derechos, tanto del sujeto pasivo como del sujeto activo de la obligación.

Debemos considerar que (en el caso de la «determinación por homologación», o autodeterminación como la denominaremos en este trabajo) la actividad del Estado es delegada al sujeto pasivo para que pueda calcular el monto del tributo que será pagado, además de cumplir otros deberes instrumentales como acto, procedimiento y norma prescritos en el artículo 142.

El administrado, quien estará autorizado por el sistema del Derecho Positivo para hacerlo, constituye una norma individual y concreta con la autodeterminación. Sin embargo, desde nuestro punto de vista, no se trata de un acto administrativo.

El papel que tiene la Administración Pública en el procedimiento de determinación, en ese caso, es otro.

La mejor doctrina esclarece que lo que es vinculado en la determinación no es el acto de determinación como producto, sino el procedimiento de determinación.

Admitiendo que la parte vinculada prescrita por el artículo 142 es adscrita al procedimiento, mantenemos la coherencia en este trabajo, dado que entendemos que no hay acto administrativo totalmente vinculado, ni incluso en la materia tributaria.

La vinculación del acto administrativo, desde nuestra óptica, consiste en la vinculación del procedimiento y no del producto. Por esta razón, siempre habrá un grado de subjetividad en la construcción de las normas, dado que (en la condición de producto de una acción humana) no podrá evitarse que sea una reinterpretación de una primera interpretación.

El profesor Paulo de Barros[66] enseña lo siguiente:

> La vinculación del acto administrativo, que, en el fondo, es la vinculación del procedimiento a los términos estrictos de la ley, asume las proporciones de límite objetivo al que deberá estar vinculado el agente de la Administración, pero que realiza, mediatamente, el valor de la seguridad jurídica.

Aquí se encuentra el corazón de este trabajo: se reconoce que la determinación tributaria como procedimiento es vinculada, pero como una norma insertada en el sistema y como acto administrativo que inserta una norma

---

66 Carvalho, Paulo de Barros. *Curso de Direito Tributário.* 19.ª ed. São Paulo: Editora Saraiva, 2007, p. 408.

individual y concreta, producto de un proceso de enunciación, producto de la incidencia, promovida por el agente competente, no es y nunca será un acto totalmente vinculado y tampoco totalmente discrecional, dado que, desde nuestra comprensión, dichos conceptos deben ser analizados desde la norma individual y concreta hacia la norma general y abstracta, en un retorno dentro del proceso de positivización del derecho tributario.

Dentro de la propuesta de analizar la determinación como un acto administrativo que inserta otras normas en el sistema, será necesario enfrentar la figura de la determinación por homologación o autodeterminación.

También debemos destacar que no solo la Administración Pública introduce normas en el sistema, sino también el Poder Judicial y el propio contribuyente.

La autodeterminación es una figura tan relevante en el sistema jurídico moderno, dado que si no lo analizamos podríamos ignorar la pieza fundamental en el engranaje recaudador del Gobierno, que hace uso de la autodeterminación, juntamente con la retención, no solo para facilitar el propio trabajo, sino también como un fuerte instrumento contra los fraudes y desvíos de la conducta de los contribuyentes.

En la autodeterminación no hay un acto administrativo en el momento de insertarse la norma individual y concreta en el sistema, puesto que el sujeto pasivo apto para insertarla no lo hace «en nombre del Estado», como agente habilitado, sino como un sujeto pasivo.

En un análisis de lo que el Código denomina «determinación por homologación», podríamos creer que estamos ante una condición resolutoria que será implementada por la Administración, o a través de un acto administrativo de efectiva homologación, o por medio de su «silencio», que produciría efectos en la esfera del Derecho Positivo.

El artículo 150 del Código Tributario Nacional prescribe lo siguiente sobre la autodeterminación:

> La determinación por homologación, que ocurre en los tributos cuya legislación atribuya al sujeto pasivo el deber de anticipar el pago sin un previo examen de la autoridad administrativa, se opera por el acto en el que la referida autoridad, tomando conocimiento de la actividad así ejercida por el obligado, expresamente la homologa.
>
> §1°. El pago anticipado por el obligado en los términos de este artículo extingue el crédito, bajo una condición resolutoria de ulterior homologación de la determinación.
>
> §2°. No influyen sobre la obligación tributaria cualesquier actos anteriores a la homologación, practicados por el sujeto pasivo o por un tercero, pretendiendo la extinción total o parcial del crédito.

§3º. Sin embargo, los actos a los que se refiere el párrafo anterior serán considerados en el cálculo del saldo posiblemente debido y, siendo el caso, en la imposición de penalidad, o su graduación.

§ 4º. Si la ley no fija un plazo para la homologación, será de cinco años, que se inicia a partir de la ocurrencia del hecho generador; si este plazo expira sin que la Hacienda Pública se haya pronunciado, se considera homologada la determinación y definitivamente extinto el crédito, salvo si es comprobada la ocurrencia de dolo, fraude o simulación.

De la lectura del texto de Derecho Positivo que se acaba de citar, se observa que a la Administración se le faculta para averiguar sobre el procedimiento de autodeterminación realizada por el sujeto pasivo, fiscalizando los valores y los orígenes de estos, en el plazo de 05 (cinco) años.

Esta «homologación» no es más que una determinación complementaria o de oficio, cuando el sujeto pasivo no haya realizado la determinación de forma correcta. En este caso, el acto administrativo será la determinación complementaria o de oficio, que insertará una nueva norma individual y concreta en el sistema, y sustituirá a la norma insertada por el sujeto pasivo.

En la «homologación tácita» no hay un acto administrativo de la Administración propiamente dicho, pero un lenguaje tendrá que reconocer al «silencio» administrativo el *status* de acto administrativo capaz de generar derechos y deberes recíprocos entre las partes.

Por lo tanto, este silencio al cual el Derecho le atribuye efectos es la denominada homologación tácita, vale decir, el transcurso de tiempo sin que la Administración realice los actos que le son facultados, como el acto de fiscalización de la actividad del contribuyente.

De hecho, al «silencio» administrativo, en el caso de la autodeterminación, se le imputan los efectos a través de la ley, dado que de otra forma no podría ser. No hay un acto administrativo sin una declaración de voluntad del Estado y, en materia tributaria, no es diferente.

Para comprender la cuestión, necesitamos analizar la teoría del silencio administrativo, el efecto del silencio de la Administración en la teoría de los actos administrativos y la figura de la autodeterminación.

El silencio administrativo ocurre cuando la Administración no se pronuncia cuando debe hacerlo, ya sea porque fue provocada por el administrado o porque un órgano tiene que pronunciarse con el objeto de controlar el acto de otro órgano.

El profesor Celso Antônio Bandeira DE MELLO señala que el silencio no es un acto jurídico ni un acto administrativo. No hay declaración. Es un hecho jurídico administrativo. Lo que existe es una imputación de efectos atribuidos por la ley al «hecho» de que la administración no se pronuncie. No hay un acto tácito.

Nuevamente nos encontramos con la distinción entre «hecho jurídico» y «acto jurídico», que ya refutamos anteriormente.

Celso Antônio Bandeira de Mello[67] afirma lo siguiente:

> En realidad, el silencio no es un acto jurídico. Por esto, evidentemente, no puede ser un acto administrativo, dado que no hay una declaración jurídica. Quien se abstuvo de declarar, pues, se mantuvo en silencio, no declaró nada y por esto no practicó ningún acto administrativo. Esta omisión es un «hecho jurídico» e *in casu*, un «hecho jurídico administrativo».

El renombrado autor afirma que «no hay acto sin extroversión». Dentro de las observaciones que ya propusimos sobre esta distinción, podríamos adaptar la afirmación para concluir lo siguiente: no hay hecho sin extroversión y no hay hecho jurídico sin extroversión en el lenguaje competente.

La sustentación de la teoría se funda en que, si fuese admitido, se trataría de un acto administrativo nulo o anulable, puesto que estaría ausente la atención de los requisitos de la formalización y motivación.

De hecho, sin «formalización», sin lenguaje, no hay ninguna realidad para el Derecho, vale decir, nada ingresa en el mundo del Derecho sin el lenguaje competente.

Sin embargo, en el caso de la autodeterminación estamos ante uno de los casos donde la ley atribuye efectos al silencio de la Administración, vale decir, en el momento oportuno y en caso sea necesario se producirá un lenguaje que reconocerá el lapso, el silencio de la Administración y le imputará los efectos propios: la inalterabilidad de la norma producida por el sujeto pasivo.

Se debe destacar que el «efecto» que la ley atribuye al silencio de la Administración no es la realización de la determinación, dado que admitimos que el sujeto pasivo también inserta válidamente una norma en el sistema del Derecho Positivo. El «efecto» que la ley atribuye al silencio de la Administración es la inalterabilidad de la norma producida por el sujeto pasivo, vale decir, la imposibilidad que la determinación de oficio modifique o sustituya la autodeterminación producida por el contribuyente.

Por lo tanto, concluimos que la autodeterminación no es un acto administrativo. La Administración tendrá sus «actos» reconocidos en esa hipótesis de determinación de otra forma, ya sea por la facultad de determinar nuevamente o determinar en sustitución al sujeto pasivo que no lo hizo, o por fuerza

---

67 Mello, Celso Antônio. *Curso de Direito Administrativo*. 26.ª ed. São Paulo: Malheiros Editores, 2009, p. 394.

de un lenguaje que reconocerá, en el silencio, efectos de un acto administrativo generador de derechos y deberes para las partes involucradas.

En nuestro estudio tenemos la figura central de la determinación, como una norma insertada en el sistema por la autoridad administrativa, vale decir, o la determinación de oficio o aquella realizada en sustitución a la norma producida por el sujeto pasivo.

La autodeterminación también es producto de un procedimiento vinculado, donde el sujeto pasivo, en una secuencia de acciones, culmina por insertar una norma válida en el sistema.

Este procedimiento vinculado será objeto de análisis tan solo en el caso de la fiscalización, vale decir, de actos administrativos, de procedimientos que pretenden calcular la ocurrencia de aquella secuencia de acciones que culminaron en la autodeterminación.

Tanto la autodeterminación como producto y como proceso son acciones inherentes al sujeto pasivo. Al Estado le corresponde la fiscalización y tornarla en lenguaje, cuando fuera el caso, si no se realizan los deberes instrumentales pertinentes o de un hecho jurídico tributario en sentido estricto, a través de la inserción de un nuevo lenguaje (de una nueva norma individual y concreta en el sistema) que sustituye al anterior y lo retira del sistema válidamente.

La «homologación tácita», ese silencio administrativo al que la ley atribuye efectos, se aplica tanto al producto como al proceso: el silencio produce efectos para tornar inmutable también el procedimiento de la autodeterminación, así entendido como el conjunto o la secuencia de acciones que culminan en una norma individual y concreta.

Por lo tanto, el silencio atribuye calidad de definitivo tanto a la norma (propiamente dicha y vista desde este prisma) como al procedimiento (entendido como una secuencia de deberes instrumentales).

5. DETERMINACIÓN POR ARBITRAJE

Ahora analizaremos, aunque sea de forma superficial, la denominada «determinación por arbitraje».

En la misma línea de los conceptos defendidos hasta esta parte del trabajo, la determinación por arbitraje también es un procedimiento y una norma, diferenciándose de la determinación de oficio «tradicional» por la presencia de la figura del ilícito.

Maria Rita FERRAGUT[68] enseña lo siguiente:

> Es considerada como la determinación, la fijación de la cuantía por arbitrio, por la propia conciencia, a partir de las alternativas legales. Tan solo

[68] FERRAGUT, Maria Rita. *Presunções no direito tributário*. 2.ª ed. Quartier Latin, p. 260.

la base de cálculo puede ser arbitrada, ya que la ocurrencia del evento descrito en el hecho jurídico es pasible, como mínimo, de ser presumida.

Para los fines de este trabajo, entendemos que la determinación por arbitraje forma parte de la determinación de oficio, vale decir, es una especie de aquel género.

La gran advertencia que se realiza debe orientarse hacia dos puntos: la presencia del ilícito y los derechos del contribuyente en relación a una determinación por arbitraje.

Una determinación por arbitraje siempre debe respetar el debido proceso legal, dado que se garantiza al contribuyente el derecho de producir un lenguaje diverso del lenguaje de la determinación considerada como controvertida. En esta etapa, la determinación por arbitraje también será analizada como una norma individual y concreta y, por lo tanto, tendrá su discrecionalidad, vinculación, proporcionalidad, razonabilidad, analizadas y probadas desde el prisma de la legalidad estricta.

Por lo tanto, como una forma de control posterior de la legalidad del acto administrativo, se someterán a las reglas analizadas en el capítulo que se dedica al control de los actos administrativos.

Ya hemos afirmado que la autodeterminación no es un acto administrativo, dado que es insertado válidamente en el sistema por el sujeto pasivo.

El papel del Estado, el acto administrativo, en estos casos, se realiza a través de la determinación de oficio, en sustitución o complementación a la autodeterminación, o a través de la llamada «homologación tácita», denominada por nosotros como silencio administrativo con efectos atribuidos por la ley.

Para esta última especie son válidas todas las afirmaciones que ya hemos realizado sobre la autodeterminación.

6. CONCEPTOS JURÍDICOS INDETERMINADOS EN EL DERECHO TRIBUTARIO

Los «conceptos jurídicos indeterminados», como ya hemos visto en el capítulo anterior, son tratados en el Derecho Administrativo como casos en los cuales la imprecisión de los conceptos utilizados por el legislador conduce a más de una posibilidad de solución jurídica posible, dentro de la búsqueda por el valor «justicia».

Lo que diferencia el concepto jurídico indeterminado de las discrecionalidades son las posibilidades que se encuentran a la disposición del administrador para llenar el antecedente normativo, con el objetivo de identificar en qué norma general y abstracta debe buscar su fundamento de validez la norma individual y concreta.

En aquella oportunidad señalamos que no hay conceptos jurídicos indeterminados, dado que el uso idiomático conduce a la imprecisión, a la vaguedad y a la ambigüedad, teniendo en vista que, a excepción de los lenguajes formalizados, todos los otros tienen términos imprecisos, vale decir, tienen una amplitud semántica que permite al aplicador del derecho transitar, generalmente, por más de una solución posible para cada hecho social con el cual se encuentre.

El «análisis» del hecho social y la identificación de la norma general y abstracta que contenga notas sobre aquel hecho, apto a tornarse «jurídico» después de ser traducido en un lenguaje competente, es un mínimo de discrecionalidad indisociable al propio mecanismo del derecho para regular la creación de las normas individuales y concretas.

Los «conceptos jurídicos indeterminados» como conceptos son propios del Derecho administrativo, donde hay una relevante discusión sobre la naturaleza jurídica de los actos discrecionales y vinculados, y los trasladamos hacia el Derecho Tributario para aplicarlo en este segmento dogmático, elucidando eventuales dudas que puedan surgir y aplicando la filosofía del lenguaje para atribuir una mayor rigidez al discurso.

Sin embargo, en el proceso de producción de la norma individual y concreta, el intérprete (agente habilitado por el sistema para producirla) siempre se encontrará con la imprecisión lingüística cuando formalice la incidencia, la cual es propia del lenguaje.

Luego, admitir la indeterminación de los conceptos jurídicos es un pleonasmo, dado que la filosofía del lenguaje conceptúa a todos los términos como imprecisos o vagos.

El científico del Derecho (y no el legislador) tiene la tarea de atribuir la rigidez al discurso, con la fijación de premisas que permitan al lector identificar, con una mayor precisión, la significación que se adopta para cada uno de los conceptos jurídicos.

En el Derecho Tributario también existen los «conceptos jurídicos indeterminados», de la misma forma que en cualquiera otra rama del derecho. Sin embargo, utilizaremos dos ejemplos para demostrar que la imprecisión, en mayor o menor escala, es propia del lenguaje del Derecho Positivo.

Analicemos un texto del Derecho Positivo que nos remite a lo que los administrativistas denominarían «concepto jurídico indeterminado» en su forma clásica. El ejemplo más característico es la norma insertada en el artículo 145 de la Constitución Federal:

La Unión, los Estados, el Distrito Federal y los Municipios podrán instituir los siguientes tributos:

I. Impuestos.

II. Tasas, en razón del ejercicio del poder de policía o por la utilización, efectiva o potencial, de los servicios públicos específicos y divisibles, prestados al contribuyente o puestos a su disposición.

III.Contribuciones de mejora, resultantes de las obras públicas;

§1°. ***Siempre que sea posible***, los impuestos tendrán ***carácter personal*** y serán graduados según la ***capacidad económica*** del contribuyente, facultado a la Administración Tributaria especialmente para conferir la efectividad a esos objetivos, a identificar, respetados los derechos individuales y en los términos de la ley, el patrimonio, los rendimientos y las actividades económicas del contribuyente.

De la lectura de este artículo 145, extraído de la Constitución Federal, podemos enumerar como mínimo 3 (tres) expresiones que serían clasificadas como conceptos jurídicos indeterminados, puesto que tienen un nivel de indeterminación:

1 «Siempre que sea posible»;

2) «Carácter personal»; y

3) «Capacidad económica».

Sin embargo, un análisis más riguroso de las tres expresiones revela que el científico del Derecho, al analizarlas, se encontrará con la necesidad de establecer el sentido para cada una, dentro del proceso de la construcción de sentido individual.

Este artículo fue escogido con un propósito. Lo elegimos porque se trata, principalmente, de un artículo donde el legislador constitucional se equivocó en la elección de los términos y expresiones.

«Siempre que sea posible», como muy bien lo enseña el profesor Paulo de Barros Carvalho, no se aplica a la Constitución Federal. El profesor Roque CARRAZZA nos advierte que la Constitución Federal «no da consejos», sino prescribe conductas.

«Siempre que sea posible» quiere decir, en términos más precisos, «siempre», vale decir, la aparente indeterminación del concepto no resiste un análisis más contundente por parte del científico del Derecho.

La expresión «carácter personal» también permite que se realicen interpretaciones ambiguas, considerando especialmente que el Código Tributario Nacional prevé el sistema de «responsabilidad tributaria» a través de la prescripción del artículo 121, párrafo único, inciso II.

Considerando que en los casos de responsabilidad el «contribuyente» no es aquel que participa en la relación jurídica presente en el consecuente de la norma individual y concreta, el «carácter personal» puede dar margen a digresiones que cuestionen con relación a «quién» debe tener carácter personal los impuestos, si con el sujeto pasivo en una norma de responsabilidad o con el contribuyente, que no se encuentra previsto en la norma jurídica tributaria.

Por último, para finalizar este ejemplo, la expresión «capacidad económica» también conduce a diversas interpretaciones, por las mismas razones de la expresión ya mencionada anteriormente, dado que en las normas de responsabilidad las relaciones jurídicas pueden variar en consonancia con las premisas adoptadas.

Lo que se observa en este ejemplo confirma nuestras premisas: en la norma general y abstracta existen conceptos jurídicos indeterminados que resultan del uso idiomático y del sistema de referencia. La aplicación del Derecho, a través de las normas individuales y concretas, es el único medio hábil para elucidar dudas y controlar la legalidad de la aplicación de estas normas.

Si trabajamos con una norma supuestamente de aplicación restricta, donde estaríamos ante una aplicación vinculada o de términos cuya interpretación no sea tan amplia, tan obvia como el caso de arriba, incluso así las ambigüedades y vaguedades permanecerán.

El artículo 144 del Código Tributario Nacional es un ejemplo de una norma, aparentemente, de aplicación inmediata y sin un margen de duda de las expresiones idiomáticas utilizadas, que no resiste a un análisis más riguroso.

Veamos este artículo:

> Artículo 144. La determinación tributaria se refiere a la fecha de la ocurrencia del hecho generador de la obligación y se rige por la ley entonces vigente, aunque posteriormente sea modificada o revocada.

La primera imprecisión del lenguaje que resulta del análisis realizado por el científico se refiere al propio concepto de «hecho generador». ¿Estamos ante el antecedente de la norma individual y concreta o de la norma general y abstracta? Para que podamos responder esta pregunta, necesitamos recurrir a la Ciencia del Derecho, que determina que los enunciados protocolares, con marcas de espacio y tiempo, dirigidos hacia el pasado, son aquellos que están presentes en las normas individuales y concretas (en los antecedentes normativos de estas normas).

Otro punto discutible es el siguiente: la fecha de la ocurrencia del hecho generador. El aplicador de la norma, para saber a qué se hace referencia, necesitará identificar el «hecho generador» de qué norma: ¿La norma como vehículo introductor de una norma en el sistema o la norma considerada como contenido de aquella otra norma? ¿Tiempo *del* hecho o tiempo *en el* hecho?

Todas estas inquietudes son suficientes para demostrar que incluso una norma aparentemente completa, con sentido deóntico y desprovista de expresiones ambiguas, deberá someterse al análisis del científico del Derecho para que su contenido y alcance sean correctamente delimitados.

La conclusión inexorable a la que llegamos es que no hay «conceptos jurídicos determinados» en el Derecho Tributario, admitiendo esta expresión con el sentido que le es usualmente atribuido.

Todas las expresiones en el Derecho son «indeterminadas» en cierta medida, dado que el lenguaje de las normas (el lenguaje del Derecho Positivo es el lenguaje prescriptivo, técnico, puesto por el legislador) necesita ser depurado. Este es objeto de otro lenguaje de supranivel, vale decir, del lenguaje de la Ciencia del Derecho.

La expresión «conceptos jurídicos indeterminados», que es atribuida a la Ciencia del Derecho, es incluso contradictoria en términos, dado que concepto ya presupone la actuación de un intérprete. Si se admite a dicho intérprete como científico del Derecho, la «indeterminación» no debería existir porque el papel de la ciencia es atribuir la rigidez al propio discurso.

Los «conceptos jurídicos indeterminados» existen para el Derecho Positivo administrativo y, de una forma más amplia, para todo el Derecho Positivo, pero ciertamente para la Ciencia del Derecho administrativo y las demás ciencias del Derecho no hay un concepto, expresión, palabra que no necesite de depuración y de un estudio para su elucidación completa de su contenido.

Por esta razón, nuestra propuesta es analizar el proceso de positivización «de forma inversa», vale decir, se partirá desde la norma individual y concreta hacia la norma general y abstracta. Esto le permitirá al intérprete una mayor precisión en su análisis, en la construcción de sentido y también convalidará nuestra conclusión de que no hay, de hecho, ningún «concepto jurídico determinado» en su finitud. Esto nos permite concluir, *contrario sensu*, que todos los conceptos jurídicos son indeterminados en alguna medida.

7. LA APLICACIÓN DE LOS ACTOS VINCULADOS Y COMPETENCIAS DISCRECIONALES AL DERECHO TRIBUTARIO

Hasta ahora ya hemos analizado de forma separada los actos administrativos vinculados, el ejercicio de las competencias discrecionales o actos administrativos discrecionales, lo que entendemos como una norma tributaria (en sentido estricto y amplio, general y abstracta, individual y concreta), y los principios.

Hemos estudiado la determinación tributaria como un acto, procedimiento y norma. También sometimos estos conceptos a las premisas que adoptamos, vale decir, a la supremacía del lenguaje y a la dicotomía «evento-hecho».

Analizamos la fenomenología de la incidencia tributaria, que nos hace creer que no hay una norma que será insertada en el sistema si no participa el hombre, como un agente habilitado por ese mismo sistema, para insertar válidamente normas generales y abstractas (a través del proceso de materialización de las competencias tributarias) y normas individuales y concretas (que pueden ser puestas tanto por el agente administrativo, por el contribuyente, por el responsable tributario y por el Poder Judicial).

Las normas individuales y concretas representan el fin del proceso de positivización del derecho tributario, dado que un lenguaje nunca alcanza a su objeto. Por lo tanto, el Derecho Positivo (como una camada de lenguaje) jamás tocará a las conductas intersubjetivas.

Hay una evidente influencia del Derecho Positivo, que pretende alterar las conductas, pero no las alcanza en ningún momento.

Dentro de ese proceso de positivización del derecho, pretendimos confrontar las nociones de Derecho Administrativo: acto vinculado y discrecional. Se aplicó al Derecho Tributario dicha teoría y se determinó de qué forma el acto administrativo de la determinación es insertado en el sistema del Derecho Positivo: ¿norma individual y concreta puesta por un acto vinculado o un acto discrecional?

En el transcurrir del estudio señalamos que la determinación tiene tres puntos de vista, que pueden ser analizados de la siguiente forma: determinación como acto, procedimiento y norma.

En este sentido, como acto, la prescripción del artículo 142 del Código Tributario Nacional determina que el acto-determinación sería la actividad privativa de la autoridad administrativa, quien debe constituir el crédito tributario a través de una actividad administrativa plenamente vinculada y obligatoria, bajo pena de responsabilidad funcional.

Sin embargo, el concepto que se extrae del artículo 142 del Código Tributario Nacional nos conduce a concluir que el procedimiento es vinculado, mientras que el producto de dicho procedimiento de determinación no lo es.

Sin embargo, admitir que el procedimiento es vinculado no responde aún al cuestionamiento que nos propusimos resolver: como acto, ¿la determinación se clasifica en la teoría de los actos administrativos en vinculado o discrecional?

La respuesta a esta pregunta ya fue resuelta por el profesor Paulo de Barros Carvalho, en su Curso de Derecho Tributario.

Un acto vinculado es cuando el intérprete, creador del derecho, habilitado por el sistema, no tiene ningún margen de maniobra, sino tan solo puede verificar la previsión normativa hipotética, prevista en el antecedente de la norma general y abstracta, verificar el hecho social y promover la inclusión de las clases, de un enunciado connotativo, y realizar la construcción de un enunciado denotativo protocolar, con las marcas de espacio y tiempo, por el proceso de la subsunción del hecho a la norma (la primera operación lógica que realiza la incidencia).

Cuando nace el hecho jurídico tributario (antecedente de la norma individual y concreta) nace, de forma automática e infalible, la relación jurídica presente en el consecuente de la misma norma, como hecho-causa y hecho-efecto, con el condicional lógico que vincula un antecedente con un consecuente, a través de un vínculo normativo, neutro, vinculando la proposición-hecho con la proposición-efecto.

Observar esta sistemática de una forma tradicional nos obliga a analizar la norma general y abstracta tributaria, regla matriz de incidencia tributaria (norma jurídica en sentido estricto), y, mirando hacia el arquetipo constitucional, determinar si la materialización de esta norma se amolda a los actos administrativos vinculados o actos administrativos discrecionales.

Este análisis, de «arriba hacia abajo», permitirá que analicemos los enunciados connotativos de la norma general y abstracta, verificando la presencia o no de los «conceptos jurídicos indeterminados», para, entonces, clasificar ese «acto administrativo» como vinculado o discrecional, clasificación útil y fundamental para el análisis posterior de la legalidad del acto administrativo-tributario, especialmente por el Poder Judicial.

Desde nuestra perspectiva, entendemos que el análisis debe partir del caso concreto, puesto que entendemos que no hay un acto administrativo totalmente vinculado o totalmente discrecional. Siempre habrá un grado de subjetividad en el proceso de incidencia de las normas jurídicas, principalmente en el momento de la subsunción del hecho social a la hipótesis normativa presente en el antecedente de la norma general y abstracta o en el momento en el que el agente verifica si hay una ley que pueda dar concreción, fundamento de validez, al acto administrativo, en una terminología más administrativa.

La vinculación del acto, de la determinación vista como un acto, como ya dijimos, puede ser analizada desde el punto de vista del procedimiento: el procedimiento es vinculado. La secuencia de actos procedimentales es vinculada, pero el producto de dicho procedimiento jamás lo será.

El profesor Paulo de Barros[69], tratando sobre el tema, afirma lo siguiente:

> La vinculación del acto administrativo, que en el fondo es la vinculación del procedimiento a los términos estrictos de la ley, asume las proporciones de un límite objetivo al que deberá estar vinculado el agente de la Administración, pero que realiza mediatamente el valor de la seguridad

---

[69] CARVALHO, Paulo de Barros. *Curso de Direito Tributário.* 19.ª ed. São Paulo: Editora Saraiva, 2007, p. 408.

jurídica. Si la vinculación no es, en sí misma, en ese hemisferio del Derecho, un valor, lo persigue de cerca, asumiendo una forma bipolar que es característica de los valores. En el otro extremo se encuentra la discrecionalidad que en ese sector de la disciplina jurídica aparece como un desvalor, algo que no es deseado en los procedimientos administrativos que lidian con los tributos.

Por otro lado, el acto-determinación (como una norma individual y concreta puesta en el sistema) jamás será totalmente discrecional, puesto que, por más reducidas que sean las notas de la hipótesis normativa, jamás habrá una imprecisión que permita la construcción de un antecedente totalmente desvinculado o dentro de un margen de libertad en el que el agente administrativo pueda, libremente, construir la norma individual y concreta sin ningún límite.

Ello es así porque, dentro del proceso de positivización del derecho, siempre existirá la interpretación en la construcción del sentido deóntico de la norma, y, en ese proceso, el intérprete debe fundamentarse por otros textos del Derecho Positivo, además de orientarse en el sentido de los principios que orientan la construcción de las normas.

No hay una acción del hombre que esté desprovista de «valores». Cuando se admite que la incidencia es un proceso normativo guiado por la acción humana, no nos queda otra conclusión que, por menor que sea la subjetividad en la aplicación del derecho, se trata de la reinterpretación de un hombre sobre una interpretación producto del proceso de enunciación que, necesariamente, pasa por un «querer».

Este análisis siempre será subjetivo, por más adscrita que esté a la legislación, por más vinculado que sea el procedimiento de la determinación.

Esta cuestión es actual e importante cuando tomamos en consideración que la modalidad de la determinación más utilizada por el derecho administrativo nacional es la autodeterminación, vale decir, con esta modalidad se le faculta al propio contribuyente para que preste información al Fisco, determine el monto que pagará de tributo, entre otros deberes, como llevar libros.

En este sentido, el intérprete de la norma tributaria deja de ser un agente administrativo habilitado por el sistema, con el «deber-poder» de conocer la legislación desde un punto de vista técnico (dado que forma parte de la presunción de aptitud para el ejercicio de las funciones), para ser parte de la relación jurídica prevista en el consecuente.

Los actos de determinación que son facultados a la Administración, en el caso de una autodeterminación, dependen: o de un procedimiento de fiscalización o del reconocimiento del silencio, como acto administrativo, que se efectuará a través del lenguaje.

La competencia para insertar una norma en el sistema, en un último análisis, es del contribuyente o responsable tributario, persona no técnica, que no tiene el deber de estar familiarizado con el lenguaje técnico del Derecho Positivo y con los innumerables deberes instrumentales y obligaciones instituidas por los vehículos introductores secundarios, como Instrucciones Normativas, lo que aumenta la subjetividad de las apreciaciones normativas que anteceden a la incidencia tributaria.

La construcción de normas jurídicas no es un asunto simple de enfrentar, principalmente por el inevitable conflicto de intereses que la incidencia tributaria refleja: por un lado, el derecho que tienen las Haciendas para exigir el crédito tributario y el cumplimiento fiel de los procedimientos legales para que el monto debido sea calculado de forma adecuada y pagado a los cofres públicos. Por otro lado, los contribuyentes o responsables tributarios tienen el deber jurídico de pagar la cuantía en dinero, pero antes deben calcularla correctamente, registrarla de forma correcta, entre otros deberes instrumentales aplicables.

Entendemos que no hay un acto-determinación vinculado o discrecional, si entendiéramos esos conceptos de forma cerrada y totalitaria.

Por lo tanto, no es totalmente vinculado porque no hay una norma individual y concreta que no sea construida mediante la acción humana, dado que la incidencia solo existe por la acción del hombre.

No es totalmente discrecional porque no se puede, por mayor que sea la amplitud de las notas de la hipótesis de incidencia, huir de la interpretación sistémica del acto, vale decir, de la contextualización de aquel acto dentro del ordenamiento jurídico como un todo. En otras palabras, ningún acto administrativo-tributario puede violar las disposiciones de la Constitución Federal, que trae la regla matriz de incidencia tributaria de los tributos, de los arquetipos constitucionales que servirán como norte para la institución de los mismos tributos a través de las autoridades competentes y también de los principios, normas calificadas hacia donde convergen todas las demás normas.

Si se realiza el análisis del control de legalidad y constitucionalidad de una determinación desde abajo hacia arriba, invirtiendo el proceso de positivización y partiendo hacia un proceso de fundamentación de las normas, desde la norma individual y concreta hacia la norma general y abstracta, no se necesitarán de mayores digresiones acerca de «conceptos jurídicos indeterminados» o cuestiones análogas.

La construcción de sentido será completa si utilizáramos para ello el proceso interpretativo, tema que será abordado en el próximo capítulo.

CAPÍTULO 5

LENGUAJE Y PROCESO DE INTERPRETACIÓN - CREACIÓN DEL DERECHO TRIBUTARIO

1. INTERPRETACIÓN COMO PROCESO DE CREACIÓN DEL DERECHO TRIBUTARIO - PAPEL DE LA «VOLUNTAD», ENUNCIACIÓN Y FUENTES

En el ítem 1.3 analizamos, de forma superficial, el papel de la interpretación como un instrumento creador del Derecho Tributario.

Al inicio de este trabajo buscábamos exponer las premisas que adoptaríamos y que servirían de fuente mínima de información para que el contexto de realización del trabajo fuera comprendido en su entera medida.

Sin embargo, ya hemos desarrollado una parte importante de la discusión que nos propusimos exponer, puesto que ya concluimos que la determinación es un procedimiento vinculado, pero, como acto, es en parte vinculada y en parte discrecional, que depende del análisis de la norma individual y concreta, producto de aquel procedimiento, pero nunca formará uno de los dos conceptos por completo.

La norma individual y concreta de la determinación es la única fuente normativa que permitirá que el Poder Judicial u otro órgano de control, ante el caso concreto, evalúe si existe armonía de aquella norma con todo el sistema jurídico constitucional, dentro de la premisa de ejercicio de competencias por parte de la autoridad administrativa.

Una norma general y abstracta puede ser inconstitucional, bajo varios puntos de vista (objeto de control jurisdiccional en abstracto), porque vulnera el sistema en algún momento.

Sin embargo, la legalidad y la legitimidad del acto administrativo-tributario, producto de esa norma general y abstracta, fundado en esta última norma, solo podrán ser analizados en el ejercicio de sus competencias, en cuanto a la discrecionalidad o vinculación del procedimiento y del acto a la prescripción legislativa, cuando exista dicho acto, vale decir, cuando la competencia sea materializada a través de una declaración del Estado que dé concreción a una ley.

La teoría de los actos administrativos, desde el punto de vista de separarlos lógicamente como discrecionales o vinculados y también averiguar si hay o no «conceptos jurídicos indeterminados» en su prescripción, solo será válida cuando podamos analizar el producto del proceso, vale decir, el acto-determinación (que es producto del procedimiento-determinación).

La interpretación como una forma de creación de la norma individual y concreta concluye el raciocinio que desarrollamos hasta ahora, dado que confirma nuestras premisas, porque siendo la norma algo que se produce en la mente del intérprete, cada intérprete, al producir una norma, inevitablemente, se dejará envolver por análisis personales y por un grado de subjetividad que son inherentes al propio ser humano y por «valores» que son propios del Derecho Positivo.

Al admitir la interpretación como una forma de creación y aplicación del Derecho, admitimos que el Derecho necesita de un lenguaje para manifestarse. Lo mismo también se admite para toda y cualquier realidad, dentro de la línea que estipula que el lenguaje crea la realidad, que es una estructura creada para organizar el caos, en la comprensión de Vilém FLUSSER[70].

En este sentido, estudiar la interpretación es estudiar la aplicación del Derecho y, consecuentemente, su creación.

La creación del Derecho Tributario es un tema ínsito al asunto que nos propusimos tratar, dado que el acto de determinación (como un acto administrativo) tendrá su procedimiento vinculado, y será vinculado o discrecional en consonancia con el producto de ese proceso de creación.

Cuando se analiza el proceso de creación se verifica en qué momento hay discrecionalidad o vinculación en la acción del agente habilitado por el sistema para insertar una norma de forma válida.

El primer punto que necesitamos comprender se refiere a la cuestión de la «voluntad», vale decir, la función de la voluntad en la creación del derecho.

Consideramos la «voluntad» en la acepción de «querer»: aquel mismo «querer» que Kelsen excluyó de su corte metodológico, que antecede al «deber ser».

En esta etapa del trabajo, la teoría de Gregorio Robles servirá de fundamento para nuestro raciocinio.

Este autor afirma lo siguiente[71]:

---

70 FLUSSER, Vilém. *Lingua e Realidade*. 2.ª ed., 1.ª reimp. São Paulo: Anna Blume, 2005, p. 33.

71 ROBLES, Gregorio. *O Direito como Texto – Quatro Estudos de Teoria Comunicacional do Direito*. São Paulo: Editora Manole, 2005, p. 33.

Al contrario de otros tipos de texto que mencionamos, el texto jurídico siempre es un texto abierto porque será creado de forma paulatina y recreado mediante decisiones concretas. Cada decisión produce un nuevo texto, que se incorpora al ya existente, renovando día a día el ordenamiento jurídico.

Gregorio Robles trabaja el concepto de «querer» (de la «voluntad» que produce normas) como «teoría de la decisión».

Nos enseña que la decisión básica es la decisión constituyente de un nuevo ordenamiento jurídico. Es un *acto de habla* que crea un nuevo ordenamiento, vale decir, que lo constituye.

Su teoría afirma que la «decisión» (a la que se refiere) es vista desde dos aspectos: el acto volitivo y lo que fue decidido o deseado como producto plasmado en el texto.

Este «querer» que crea normas individuales y concretas es la razón por la cual entendemos que nunca habrá actos administrativos-tributarios totalmente vinculados o discrecionales, dado que no es posible ignorar que el proceso de decisión, el «querer» del agente administrativo o del contribuyente, o incluso del responsable tributario, será decisivo y fundamental para la creación de aquella nueva norma, que ingresará en el sistema con la presunción de legalidad, legitimidad y que necesitará de una nueva norma, de un nuevo acto, de una nueva determinación, de un nuevo lenguaje para ser alterada o expulsada de ese mismo sistema.

Ya hemos demostrado que no hay una norma que no se produzca mentalmente bajo textos de Derecho Positivo ambiguos y vagos. Estos dos predicados son inherentes a la utilización del propio lenguaje.

La norma es algo que se produce en la mente del intérprete y por ello es inexorable reconocer que el proceso de creación de esa norma es la llave para comprender de qué forma la norma individual y concreta será producida, ya que esta última norma tributaria es el objeto de nuestro estudio.

Sin embargo, el estudio del proceso de interpretación del Derecho Positivo por el intérprete no es nuevo. El profesor Paulo de Barros Carvalho y Gregorio Robles, así como otros, ya lo hicieron.

Este último[72] nos enseña lo siguiente:

> Otra forma de expresar el gran tema de la decisión jurídica es la siguiente: la creación y la aplicación del derecho, puesto que es exactamente a través de las decisiones que se crea y se aplica el ordenamiento jurídico. El derecho es una obra humana, y como tal, resulta de un conjunto de decisiones.

---

[72] Robles, Gregorio. *O Direito como Texto - Quatro Estudos de Teoria Comunicacional do Direito*. São Paulo: Editora Manole, 2005, p. 61.

Lourival Vilanova[73] define la interpretación como el «acto complejo que envuelve aspectos lógicos, axiológicos y empírico-sociales».

En la definición de Lourival Vilanova se tiene que el acto de interpretar es un acto que involucra no solo los puntos de vista lógicos, axiológicos, sino también (principalmente) a los empírico-sociales, vale decir, las experiencias anteriores de aquel intérprete serán utilizadas en la formación del sentido, en la interpretación, en la creación de la norma individual y concreta.

Una determinación tributaria vista desde la óptica del acto-norma que inserta en el sistema una nueva norma individual y concreta (producto de un proceso de decisión, de interpretación y creación del derecho) debe ser comprendida como una fuente del Derecho Positivo desde el aspecto dinámico, vale decir, algo que está fuera del sistema.

Este trabajo no pretende analizar al detalle la teoría de las fuentes del Derecho Tributario, dado que se haría demasiado extenso y desplazaría la atención hacia otro tema de mucha importancia y amplitud: la teoría de las fuentes.

Adoptando el raciocinio ya desarrollado por Tárek Moussallem, que toma como fundamento las enseñanzas del profesor Paulo de Barros, entendemos que las fuentes del Derecho Positivo son externas al propio derecho. Las fuentes del Derecho Positivo son los procesos de enunciación de ese Derecho, el proceso de creación de ese mismo derecho, cuando se incluyen aspectos no jurídicos y no normativos. En otras palabras, el «querer» de aquel que crea el derecho.

Este «querer» no recibe la importancia necesaria por parte de los administrativistas cuando clasifican lógicamente los actos administrativos en vinculados y discrecionales.

Se reconoce que el «motivo» del acto administrativo es algo externo al acto, pero se cree que en el acto vinculado la elección del motivo no permite al agente habilitado por el sistema ningún margen de maniobra, vale decir, no habría elección, sino solo un «reconocimiento» de este motivo.

La discrecionalidad se encuentra dentro del propio sistema, dado que resulta, en tesis, de la propia norma. Dentro de la norma habría un margen de liberalidad para que el administrador optase por una decisión u otra: ambas son posibles sistémicamente.

La discrecionalidad, en los actos administrativos, aparece como algo que será rechazado, como un «desvalor», dado que al administrador le correspondería tan solo cumplir estrictamente la legislación, sin ninguna interferencia

73 Vilanova, Lourival. *Causalidade e Relação no Direito*. 4.ª ed. São Paulo: Editora Revista dos Tribunais, 2000, p. 47.

de sus valores personales, o, como enseña el profesor Lourival VILANOVA, sin la interferencia de sus experiencias empírico-sociales.

No olvidemos que la fenomenología de la incidencia presupone un mínimo de interpretación, de forma que es inevitable que el «deber ser» sea, en mayor o menor medida, influenciado por el «querer».

Por esta misma razón, defendemos que no existen actos totalmente vinculados o discrecionales. La apreciación humana es parte inherente a la incidencia, presente en la operación lógica de la subsunción.

La estructura lógica de la norma jurídica tributaria no revela el momento en el que la subsunción ocurre en la mente del intérprete, antes de ser vertida en el lenguaje competente.

El proceso de enunciación se encuentra dentro de la mente del intérprete y fuera del sistema del Derecho Positivo (que se encuentra compuesto tan solo por normas).

El estudio de las fuentes es el «examen de los hechos en cuanto enunciación que hace nacer las reglas jurídicas introductoras»[74].

Las fuentes del Derecho Positivo son los procesos de enunciación de los enunciados que componen el respectivo sistema. Ocurre que las fuentes no se encuentran dentro del sistema, sino fuera de él (externamente).

Por lo tanto, el proceso de enunciación es externo y por eso no se puede tener acceso, vale decir, es único (dado que se agota en el tiempo) e irrepetible.

José Luiz FIORIN[75] y otros autores trataron sobre este tema en los siguientes términos:

> El primer sentido de enunciación es el acto productor del enunciado - José Luiz FIORIN.
>
> La enunciación es la puesta en funcionamiento de la lengua por un acto individual de utilización - Benveniste.
>
> La enunciación será, para nosotros, la actividad de lenguaje ejercida por el que habla en el momento en el que habla [...]; por lo tanto, ella es por esencia histórica, del orden del acontecimiento y, como tal, no se reproduce nunca idénticamente dos veces a sí misma - Anscombre y Ducrot.

FIORIN concluye que, si la enunciación fuese considerada como un acto singular, de ahí resultaría lógicamente su imposibilidad de constituir un objeto científico.

---

74 CARVALHO, Paulo de Barros. *Curso de Direito Tributário.* 19.ª ed. São Paulo: Editora Saraiva, 2007, p. 48.

75 FIORIN, José Luiz. *As Astúcias da Enunciação. As Categorias de Pessoa, Espaço e Tempo*. 2.ª ed., 3.ª reimp. São Paulo: Editora Ática, 2005, p. 31.

FIORIN concluye con lo siguiente:

> El lingüista ya no opone la enunciación al enunciado como el acto a su producto, un proceso dinámico a su resultado estático, sino, imposibilitado de estudiar directamente el acto de la enunciación, busca identificar y describir el trazo del acto en el producto[76].

El proceso de creación del Derecho Positivo es externo al propio derecho, y la única forma de buscar los rasgos de este proceso es analizando el producto.

Nuevamente nos encontramos con la propuesta de analizar los actos administrativos-tributarios de determinación desde el punto de vista del resultado (producto) de un proceso, vale decir, se parte del propio acto hacia su proceso.

Este proceso sería vinculado, y su producto sería vinculado o discrecional, en consonancia con el análisis del caso concreto, que determinaría si el ejercicio de la competencia tributaria se dio en la exacta medida y dentro de los parámetros previamente establecidos por el legislador.

La construcción del sentido de la norma, como un modelo de proceso para interpretarse y crearse el derecho, o proceso de enunciación de estos enunciados del Derecho Positivo, fue propuesta por el profesor Paulo de Barros CARVALHO.

Utilizaremos este modelo para justificar nuestra propuesta aplicada a la determinación tributaria.

2. EL PROCESO GENERADOR DE SENTIDO: LA APLICACIÓN Y LA DETERMINACIÓN TRIBUTARIA

La primera distinción realizada se refiere a enunciados y normas jurídicas. Los enunciados son productos de los procesos de enunciación, sintácticamente con sentido, gramaticalmente bien construidos. A los enunciados del Derecho Positivo los denominamos, en el primer capítulo, como normas jurídicas en sentido amplio.

Sin embargo, las normas jurídicas en sentido estricto son las construcciones deónticamente perfectas, vale decir, tienen el sentido deóntico completo. Las primeras (normas en sentido amplio) se unirán con otras para crearse estas últimas (las normas deónticamente completas).

La propuesta del profesor Paulo de Barros CARVALHO es interpretar y construir el sentido de una norma. Para ello, el intérprete tendrá que pasar por cuatro niveles o subsistemas:

1. El conjunto de enunciados, tomados en el plano de la expresión;

---

[76] *Ídem.*

2. El conjunto de los contenidos de significación de los enunciados prescriptivos;
3. El dominio articulado de las significaciones normativas; y
4. La forma superior del sistema normativo.

Fundamentándonos en este modelo desarrollado, analicemos la interpretación como aplicación y creación de una norma individual y concreta, vista desde la óptica de la determinación como acto administrativo-tributario, y demostremos en qué etapa de ese proceso de construcción de sentido se encuentran las «valoraciones» o «subjetividades» que el intérprete asigna cuando realiza el proceso de subsunción en su mente, durante el proceso de enunciación, creación de los textos del Derecho Positivo.

1) Sistema de la literalidad textual - soporte físico de las significaciones jurídicas

En esta etapa, lo único que tenemos es el dato objetivo del intérprete del derecho: los textos del Derecho Positivo. Aquí tenemos enunciados bien organizados sintácticamente y dotados de sentido.

Utilicemos el siguiente ejemplo: un agente público se encuentra con el texto del Derecho Positivo que instituye el IPTU (Impuesto sobre Propiedad Territorial Urbana) de su Municipio. Al encontrarse con dicho texto, analiza los enunciados sintácticamente bien construidos, organizados en artículos, párrafos, incisos y literales. En esta etapa, tenemos el dato objetivo que es el texto del Derecho Positivo. No tenemos margen para subjetividades en esta etapa.

En este momento, el proceso generador de sentido pasa a su siguiente etapa.

2) Conjunto de los contenidos de significación de los enunciados prescriptivos

A partir de este nivel ya no hay el dato objetivo, dado que el intérprete tiene la posibilidad de ejercer su subjetividad creando una norma jurídica en su mente.

En esta etapa, nacen las proposiciones jurídicas, vale decir, los contenidos de significación constituidos a partir de la fórmula de los enunciados[77].

El intérprete analiza cada signo individualmente y le atribuye significaciones, ingresando en su contenido interpretativo. El análisis ahora es individual: signo por signo, dentro de las expresiones que componen el texto prescriptivo.

---

[77] Carvalho, Paulo de Barros. *Curso de Direito Tributário.* 19.ª ed. São Paulo: Saraiva, 2007, p. 119.

Prosiguiendo con nuestro ejemplo, en este momento el agente administrativo inicia la construcción de sentido de las normas (proposiciones jurídicas) y analiza lo que entiende por «propiedad», «urbana», «valor venal», «base de cálculo hipotética de nuestro ejemplo de IPTU».

Analizará lo que el signo «propiedad» quiere significar, lo que significa «territorio urbano», vale decir, une los signos y analiza la frase prescriptiva de la forma en la que se presenta.

Al atribuir contenidos de significación a los signos, el intérprete ya está saturando los signos con contenidos propios, resultantes de sus vivencias, pero no lo contextualiza aún como una norma jurídica en sentido estricto (con sentido deóntico).

3) Conjunto articulado de las significaciones normativas - el sistema de las normas jurídicas *stricto sensu*

En esta etapa hay una contextualización para que el intérprete consiga construir el sentido de las normas, dentro de su mente, en el ámbito de las proposiciones jurídicas.

La experiencia del intérprete con sus «valores» prosigue y, en esta etapa, dejan de existir los conceptos de actos administrativos vinculados o discrecionales, dado que en este momento existe el margen de libertad para que el agente construya proposiciones jurídicas en su mente, utilizando como substrato no solo los textos del Derecho Positivo, sino sus experiencias, cultura, otras normas, etc.

Busca en el texto del Derecho Positivo de qué forma la base de cálculo del «valor venal» será cuantificada (construyendo las significaciones de la norma en sentido estricto) con los otros criterios de la regla matriz de incidencia, como la alícuota.

Analiza lo que entiende como «urbana», verifica cómo determinar y delimitar el concepto.

Con estos datos concluye que el modal deóntico «obligatorio» determina que el impuesto sea pagado teniendo como base de cálculo el «valor venal», definida por la legislación hipotética como el «total de ingresos», incidiendo una alícuota de «x» %.

El mensaje deóntico en esta etapa se completa, pero está aislado de un análisis sistémico, que ocurre tan solo en la última etapa (S4)[78].

---

[78] La profesora Maria Ângela Lopes Paulino (PUC/SP) también ha desarrollado de excelente manera el trayecto generador de sentido. A continuación citaremos una parte de su libro *As Sanções no Direito Tributário* para que se pueda ilustrar (a los lectores) las etapas por las cuales pasa una interpretacion. Veamos sus enseñanzas:

Interpretar significa atribuir sentido a los términos, a los enunciados, a los signos de forma general, vale decir, al soporte físico sobre el cual el ser cognoscente pretende investigar, según el contexto lingüístico en el que está insertado. No existe sentido explícito o implícito en un determinado soporte físico, dado que el exégeta no extrae o descubre su sentido, sino construye significaciones acerca del soporte físico (texto, vocablos, palabras, términos), conforme al sistema de referencia.

La interpretación de los textos jurídicos es delimitada por el propio lenguaje del Derecho Positivo, vale decir, es la atribución de sentidos a esos soportes físicos y como resultado se tendrá la construcción de normas jurídicas. La comprensión plena del producto interpretado tan solo es posible si es observado un límite mínimo de enunciados prescriptivos integrados en una unidad normativa, denominada «unidad irreductible de manifestación de lo deóntico». El mensaje que proviene de los comandos jurídicos tan solo será percibido por el exégeta, en su sentido completo, si se verifica un *quantum* mínimo de enunciados jurídicos.

Para dilucidar de mejor forma la construcción de sentidos de los textos jurídicos o, mejor dicho, de la construcción de las normas jurídicas, debemos aclarar el modelo de trayectoria de la interpretación propuesto por Paulo de Barros Carvalho. Este modelo está constituido por 04 (cuatro) subsistemas interpretativos, cuya descripción, aunque sea breve, se torna imprescindible para los propósitos del presente estudio:

1. **El conjunto de los enunciados, tomados en el plano de la expresión (S1):** a partir del contacto con la literalidad textual (esta literalidad constituye la base empírica del conocimiento del derecho legislado que es exteriorizada en documentos concretos: enmiendas, leyes complementarias, resoluciones, decretos, etc.), el exégeta inicia el proceso de interpretación, propiamente dicho, pasando a construir los contenidos significativos que los distintos enunciados o frases prescriptivas suscitan. Por lo tanto, en el plano de expresión se manifiesta, gráficamente, el mensaje expedido por el autor. Este referido plano constituye el sistema morfológico y gramatical del derecho legislado.
2. **El conjunto de los contenidos de significación de los enunciados prescriptivos (S2):** en este plano, se transita del nivel físico de la literalidad textual (soporte físico de las significaciones) hacia el universo de los contenidos significativos (plano de contenido), a través de la ordenación de los enunciados prescriptivos en la forma estructural de normas jurídicas. En un primer momento, los enunciados serán comprendidos de forma aislada y después confrontados con otros enunciados, de superior o de igual *status*, buscando el exégeta su integración en la totalidad del conjunto. En este subsistema interpretativo se busca el sentido de una oración prescriptiva, cuya sentencia es considerada en su individualidad y sin ninguna forma específica de agrupación lógica. Los enunciados, en este subsistema, no forman una unidad completa de significación deóntico-jurídica, dado que aún reflejan comandos jurídicos en general.
3. **El dominio articulado de significaciones normativas (S3):** el exégeta, en este subsistema, busca la contextualización de los contenidos obtenidos en el subproceso anterior, a fin de producir unidades completas de sentido para los mensajes deónticos. Ejemplo: la alícuota del impuesto es 3%. De este enunciado se construye una significación aislada. Sin embargo, es preciso buscar otros enunciados del derecho legislado para entender la comunicación deóntica en su plenitud significativa. Se pregunta, por ejemplo, un 3% ¿de qué? En este sentido, no basta el *quantum* de significación obtenido con el aislamiento de un determinado enunciado para expresar la orientación definitiva de la conducta. Por esta razón, es necesario que se realice un *esfuerzo de contextualización*. En este subsistema se otorga a la unidad normativa una estructura mínima e irreductible de significación deóntica, o, mejor dicho, las significaciones enunciativas son

4) **Organización de las normas de S3 - vínculos y forma sistémica**

En esta etapa el intérprete ya pasó por el análisis del dato bruto (S1); la atribución de significaciones a los signos aislados como frases prescriptivas (S2); y la construcción de la norma jurídica en sentido estricto (S3).

La vinculación o discrecionalidad del acto administrativo-tributario que crea la norma individual y concreta ya no resiste un análisis detallado. El intérprete ya impregnó de subjetividades la construcción de la norma, en dos momentos: en S2 y S3.

En S4, en la contextualización de la norma con el establecimiento de vínculos de subordinación y coordinación, el intérprete, en nuestro ejemplo hipotético, analiza la legislación del ITR y verifica en qué acepción el enunciado «propiedad urbana» se contrapone a la significación de «rural», signo previsto en el criterio material de aquella otra exacción.

La Constitución Federal analiza y verifica lo que el legislador constitucional originario determinó como límite para la incidencia del IPTU. Sopesa cuál es la coherencia entre la hipótesis de incidencia del tributo y su base de cálculo. Se cuestiona lo siguiente: ¿Existe correspondencia lógica entre la hipótesis prevista en la Constitución y la base de cálculo determinada por el legislador que instituye el tributo? ¿Cuál es el límite que separa el ejercicio de las competencias de los municipios para la institución del IPTU y de la Unión para la institución del ITR? ¿Qué es rural y qué es urbano?

El sentido de la norma individual y concreta solo surgirá después de este proceso de interpretación, que permite inclusive que el intérprete analice cuál es el criterio para la determinación de las áreas rurales y urbanas; y clasifique las áreas del municipio donde hay conflicto entre los criterios establecidos en la legislación para el reconocimiento de área urbana (para fines de incidencia del IPTU) y de área rural (para fines de incidencia del ITR).

Busca otros textos del Derecho Positivo que determinan la fijación de los criterios para dirimir el eventual conflicto de competencia entre la Unión y el Municipio. Concluye que en una determinada área existe un reconocimiento por la legislación municipal de que se trata de un área urbana y realiza la determinación del impuesto, insertando una norma individual y

---

estructuradas en una forma lógica determinada por el factor implicacional (estructura condicional): significaciones enunciativas que realizan el antecedente de la norma jurídica y otras que realizan el consecuente, prescribiendo conductas intersubjetivas. Finalmente, se construyen normas jurídicas con la siguiente estructura: D (H'!C).

4. **La forma superior del sistema normativo (S4):** en este subsistema se tiene la organización de las unidades construidas en el nivel S3 en una estructura escalonada, con vínculos de coordinación y subordinación. Cumplen aquí una fundamental importancia las reglas de estructura, cuyo papel es establecer cómo las reglas deben ser puestas, modificadas o extintas, en el interior de un cierto sistema.

concreta en el sistema para que aquel propietario pague a los cofres públicos el valor de «x» reales, dado que realizó el criterio material previsto en la hipótesis de incidencia, vale decir, ser propietario de un inmueble en el área urbana.

El análisis de esta norma hipotética creada por el sujeto pasivo cuando aplica el derecho, como norma general y abstracta, demuestra que el modelo propuesto tiene utilidad.

En un análisis regular se podría concluir que la positivización de la norma general y abstracta del IPTU de aquel Municipio sería el ejercicio de un acto administrativo vinculado, donde un agente habilitado por el sistema no tiene ningún margen de discrecionalidad. Tan solo debe realizar el acto administrativo de determinación (visto en la acepción de acto), pero sin ningún margen de apreciación subjetiva del intérprete.

No podríamos meditar ni siquiera de un «concepto jurídico indeterminado», dado que, en el análisis del caso concreto, tan solo habría una solución «justa».

En realidad, demostramos que cuando se realiza la operación de subsunción del hecho social a la hipótesis de incidencia de la norma general y abstracta, el intérprete (responsable por la construcción de la norma) se depara con experiencias personales, con valores y siempre con un mínimo de discrecionalidad, aquel mínimo que entendemos que es inherente a la propia incidencia.

En nuestro ejemplo, esta discrecionalidad se manifiesta cuando el intérprete (agente administrativo) entiende que una determinada área es «urbana», formando el criterio material del IPTU.

Si concluyese que la misma área fuera «rural», no habría subsunción y, por lo tanto, no se desencadenaría la fenomenología de la incidencia tributaria.

Si esta misma situación hipotética no se analiza por la norma general y abstracta, sino por el producto del proceso de creación del derecho, se podrá analizar que este acto administrativo, en realidad, no es totalmente vinculado, aunque la imprecisión semántica del signo «urbano» permite que el administrador habilitado por el sistema transite por el margen de la discrecionalidad en el momento de verter en lenguaje competente la declaración de la ocurrencia del hecho jurídico tributario y la relación jurídica tributaria prevista en el consecuente de la norma, que une a dos sujetos de derecho distintos: el sujeto activo (Municipio) y el sujeto pasivo (el contribuyente).

En este sentido, se verifica que el desmembramiento del proceso de interpretación como una forma de creación del derecho permite evidenciar lo que sostuvimos desde el inicio: ningún acto administrativo es plenamente vinculado o discrecional, dado que el proceso de aplicación de las normas jurídicas tan solo pasa por una etapa objetiva, donde el dato externo es común: la etapa S1 (sistema de la literalidad textual).

En las otras tres etapas, las operaciones ocurren en la mente del intérprete. Por esta razón, los conceptos absolutos (como «actos vinculados» o «actos discrecionales») no resisten a un análisis más detallado, teniendo como base la fenomenología de la incidencia tributaria.

Hemos admitido que la incidencia es un procedimiento donde el margen de subjetividad del agente existe y es inherente al propio procedimiento. Por último, analicemos las formas de control de las normas individuales y concretas de la determinación, desde el punto de vista de la vinculación del procedimiento y del análisis de su producto.

CAPÍTULO 6

FORMAS DE CONTROL DE LA CONSTITUCIONALIDAD-LEGALIDAD DEL ACTO ADMINISTRATIVO-TRIBUTARIO DE DETERMINACIÓN

El análisis que hicimos en el capítulo anterior nos permitió comprobar (con fundamento en nuestras premisas) que el proceso de interpretación del derecho, de la forma como es concebido por el profesor Paulo de Barros CARVALHO, presupone la acción del hombre en la construcción de la norma individual y concreta (en tres de las cuatro etapas). Tan solo en el dato objetivo del sistema (vale decir, el texto de Derecho Positivo: S1) no hay ningún margen para que el intérprete sea influenciado por sus valores y experiencias personales.

En todas las demás etapas, la interpretación surge como un proceso de creación de la norma individual y concreta, demostrando que no hay vinculación del producto en el momento de su inserción en el sistema del Derecho Positivo: el control de legalidad de las determinaciones tributarias, vistas como actos administrativos de procedimientos vinculados, ocurrirá posteriormente a través de otro lenguaje competente para expulsar la primera norma del sistema o, eventualmente, corregirla mediante una sustitución.

En este sentido, consideramos que el Derecho no controla la producción de sus normas (el sistema no controla la producción de sus elementos), sino solo controla el producto derivado del proceso de producción.

Esta «libertad» de insertar una norma individual y concreta en el sistema, propia del agente administrativo habilitado para ello, se relaciona con el concepto de validez: una norma será válida cuando sea insertada a través de un procedimiento adecuado y un agente competente.

El profesor Paulo de Barros CARVALHO[79] nos alerta de lo siguiente:

---

[79] CARVALHO, Paulo de Barros. *Curso de Direito Tributário.* 19.ª ed. São Paulo: Editora Saraiva, 2007, p. 455.

En efecto, recibido por el orden legislado, será considerado válido hasta que se pruebe lo contrario. Para ello no importa que el acto administrativo haya sido celebrado y que en él se conjuguen los elementos considerados como sustanciales. Es necesario que sus requisitos estén en consonancia con las prescripciones de la ley. De la subsunción del acto al conjunto de reglas, si hubiese idoneidad y armonía, se podrá hablar de validez, pero ahora no simplemente presumida, sino comprobada según los canales competentes que el propio sistema preconiza.

Los criterios de pertinencialidad del sistema del Derecho Positivo nada dicen sobre la armonía de la norma individual y concreta a la norma general y abstracta: no hay un juicio de constitucionalidad o legalidad cuando se inserta la norma de determinación.

La incidencia ocurre libremente. En realidad, ni las cuestiones internas al procedimiento y a la competencia son observadas, en principio. Le corresponde a la parte interesada, que tiene la legitimidad en el sentido técnico del término, generar la producción de otra norma posterior, para que retire la primera norma del sistema, reconociendo su inconstitucionalidad, ilegalidad, vicios en su proceso de enunciación, vicios en el ejercicio de la competencia, etc.

Analicemos las formas de producción de otra norma individual y concreta que promueva el control del acto administrativo-tributario de determinación, visto en su amplitud semántica de acto, procedimiento y norma.

Se advierte que el análisis realizado tendrá como objeto a la *norma individual y concreta* de la determinación y no a las *normas generales y abstractas*, lo que nos lleva a excluir la fase preventiva de control de constitucionalidad, ejercida por las comisiones de constitución y justicia de las Casas Legislativas.

1. EL CONTENCIOSO ADMINISTRATIVO: LA MODIFICACIÓN O ANULACIÓN DE LA DETERMINACIÓN DE OFICIO

Antes de iniciar el tema propuesto, debemos fijar el signo que será utilizado para nombrar este contencioso administrativo: proceso o procedimiento.

Paulo de Barros Carvalho[80] justifica la elección del signo *procedimiento* de la siguiente forma:

> La figura del «proceso» está vinculada al campo de la jurisdicción, en el que se presupone la existencia de un órgano estatal, independiente e imparcial, habilitado a resolver los conflictos de intereses, de forma determinante y definitiva. (...) considero que es necesaria la distinción entre

---

80 Carvalho, Paulo de Barros. *Direito Tributário, Linguagem e Método*. São Paulo: Ed. Noeses, 2008, p. 7841.

proceso y procedimiento. Reservemos el primer término, efectivamente, para componer litigios y se opera en el plano de la actividad jurisdiccional del Estado, para que signifique la controversia desarrollada ante los órganos del Poder Judicial. Aunque el procedimiento también sirva para denominar a la conjugación de los actos y términos armonizados en el ámbito de la relación procesal, debe ser un étimo pertinente que hace referencia a la discusión que se desarrolla en la esfera administrativa. Con estas premisas podemos decir que la locución adecuada para aludir a la impugnación de actos administrativos, junto a la propia Administración, en lo que se refiere a la materia de los tributos, es «procedimiento administrativo tributario».

Particularmente, entendemos que es adecuada la utilización del signo «proceso administrativo tributario», como especie del género «procedimiento administrativo».

El «procedimiento» es algo más amplio, que no envolvería la aplicación de principios como el contradictorio, amplia defensa, y, principalmente, no incluiría la figura del litigio, de la pretensión resistida.

El litigio (el conflicto de intereses) genera la obligatoriedad, para el Estado-Administración, de respetar principios específicos, que aproxima esta figura al «proceso» donde hay jurisdicción. En otras palabras, el «proceso administrativo tributario» sería la especie de procedimiento administrativo que pretende controlar la validez de la determinación tributaria, entendido como una norma introductora y una norma introducida, donde hay conflicto de intereses entre la Administración y el administrado.

La imparcialidad e independencia presentes en el proceso donde hay jurisdicción, también existe, en mayor o menor medida, en los procesos administrativos tributarios, principalmente por la composición de los Tribunales Administrativos, por la inalterabilidad de sus decisiones, cuando son favorables a los contribuyentes, por los derechos constitucionalmente asegurados a los contribuyentes.

Las distinciones entre ambos procesos («judicial» y «administrativo») son amplias. Sin embargo, entendemos que la utilización del signo «proceso» en vez de «procedimiento» se justifica con la debida delimitación de su amplitud semántica y dentro de los estrechos límites de este trabajo.

Por lo tanto, adoptaremos la expresión «proceso administrativo tributario» para hacer referencia al contencioso administrativo donde se discute la determinación tributaria.

Para analizar el efecto del proceso administrativo en la determinación de oficio, en sustitución a la determinación realizada por el sujeto pasivo o de oficio puramente, es necesario analizar la cuestión de la «definitividad» y «provisoriedad» de la determinación y el concepto de «proceso».

La doctrina administrativa de Héctor Jorge Escola[81] enseña que definir un concepto sirve para establecer el conjunto de principios que se aplican al desarrollo de aquel concepto y aplicar todas las normas pertinentes.

El mismo autor, citando a Royo Villanova, afirma que el llamado procedimiento administrativo (porque es de esta forma que lo nombra - procedimiento y no proceso), es decir, la serie de trámites y formalidades exigidas para la realización de un acto administrativo, participa del doble carácter de la garantía administrativa y de la garantía jurídica, persiguiendo, por un lado, la marcha de la Administración y, por otro, la tutela de intereses particulares que afectan o pueden afectar el acto administrativo en cuestión, en el caso de nuestro estudio, la determinación tributaria.

Paulo Cesar Conrado[82] enseña que el «proceso es una relación jurídica instrumental - resultante del hecho jurídico conflicto, supone la preexistencia de otra relación (jurídica) efectiva o potencial».

Por lo tanto, reconocemos que el contencioso administrativo resulta de un conflicto de intereses entre la Administración y el sujeto pasivo de la obligación tributaria, y tiene como objeto una determinación tributaria, que puede ser modificada a través de otra norma individual y concreta al final del procedimiento administrativo, que sustituirá a la primera, objeto de litigio.

Esta determinación tributaria, objeto del conflicto de intereses entre la Administración y el contribuyente, incluye la determinación por arbitraje, citado anteriormente, el cual debe sujetarse al contradictorio para asegurar al contribuyente que el arbitraje respete los límites legales aplicables al caso concreto.

Se dice que la determinación es provisional porque es susceptible de ser alterada en el seno de la propia Administración, tanto por iniciativa del sujeto pasivo (en la secuencia del procedimiento administrativo tributario) como por diligencia de oficio (en los controles de legalidad promovidos por la Hacienda Pública)[83].

La crítica realizada a este concepto de «provisoriedad» es evidente: si la norma insertada como producto del procedimiento de determinación es válida para el sistema, para el cual la validez significa «existencia», entonces no hay provisoriedad en esta determinación. Es válida y «existirá» hasta que otro lenguaje posterior la altere.

La posibilidad para alterarse el lenguaje de la determinación por otro posterior es propio del sistema del Derecho Positivo, que tan solo atribuye carácter

---

[81] Escola, Héctor Jorge. *Tratado General de Procedimiento Administrativo. El Procedimiento Administrativo*. Buenos Aires: Ediciones Depalma, 2000, p. 3.

[82] Conrado, Paulo Cesar. *Processo Tributário*. 1.ª ed. São Paulo: Quartier Latin, 2004, p. 23.

[83] Carvalho, Paulo de Barros. *Curso de Direito Tributário*. 19.ª ed. São Paulo: Editora Saraiva, 2007, p. 446.

de inmutabilidad en algunos casos, como después de la pérdida de algún plazo por las partes en el proceso administrativo fiscal o, incluso, después de la decisión definitiva en la esfera administrativa en favor del contribuyente.

En otras palabras, ser pasible de modificación implica reconocer que el sistema del Derecho Positivo tan solo prevé la posibilidad para que otra norma, posterior, altere la substancia, adecuándola al sistema en caso existan vicios que autoricen la modificación.

Estudiar las posibilidades para alterarse un acto administrativo-tributario de determinación, en un último análisis, es hacerlo en relación a los actos administrativos en sentido amplio, o hechos jurídicos administrativos en sentido amplio.

Manteniendo la línea de raciocinio que nos propusimos adoptar, transitando por el derecho administrativo y tributario, analicemos la doctrina administrativista acerca de la modificación de los actos administrativos por la propia Administración, considerada aquí no como Poder Judicial (que será analizada en el próximo ítem), sino como los otros dos poderes: Legislativo y Ejecutivo.

En el ámbito del derecho administrativo, un acto administrativo (con las reservas realizadas sobre la nomenclatura) deja de surtir efectos cuando[84]:

a) Es retirado del sistema por cuestiones de conveniencia y oportunidad: «revocación»;

b) Es retirado del sistema porque vulnera el ordenamiento jurídico: «invalidación»;

c) Es retirado del sistema porque el destinatario del acto incumplió las condiciones que deberían ser atendidas: «casación»;

d) Es retirado del sistema porque la norma posterior torna el acto en desacuerdo con el nuevo orden establecido: «caducidad»; y

e) Es expedida una norma-acto en sentido contrario al anterior: «contraposición».

Evidentemente que no todas las formas de cese de efectos de los actos administrativos se aplican a los actos administrativos-tributarios. Sin embargo, desde el prisma de nuestras premisas, no importa el nombre que la doctrina o legislación atribuyan a la forma de cese de los efectos del acto administrativo. Una conclusión es inexorable: siempre habrá otro acto administrativo posterior, que alcance la eficacia técnica, jurídica, vigencia o validez del acto administrativo anterior.

---

84 MELLO, Celso Antônio. *Curso de Direito Administrativo*. 13.ª ed. São Paulo: Malheiros Editores, 2000, p. 424.

Incluso con relación a la anulación o anulabilidad de los actos administrativos, es muy importante resaltar la firme posición del Supremo Tribunal Federal, expuesto a través de la Sumilla 473, que prescribe lo siguiente:

> La Administración revoca o anula su propio acto. La Judicatura tan solo anula el acto administrativo. Ello es así porque la revocación es deshacer el acto debido a la conveniencia u oportunidad de la Administración, mientras que la anulación es la invalidación debido a la ilegalidad del acto administrativo. Un acto inoportuno o inconveniente tan solo puede ser revocado por la propia Administración, pero un acto ilegal puede ser anulado tanto por la Administración como por la Judicatura.

Se trata del sistema del Derecho Positivo regulándose internamente, determinando de qué forma un acto administrativo sustituirá a otro. Los fundamentos pueden ser denominados de muchísimas formas, pero en realidad siempre habrá una norma individual y concreta, vale decir, un acto administrativo posterior que deshaga el acto administrativo anterior.

Una norma tan solo deja de pertenecer al sistema del Derecho Positivo, «perdiendo» el *status* de «válida», a través de otra norma.

En el ámbito del Derecho Administrativo, en tesis, todas las determinaciones estarían sujetas al control administrativo de constitucionalidad y legalidad, dentro del plazo previsto en la legislación, el cual iniciará cuando se notifique de forma válida al sujeto pasivo, quien podrá presentar su impugnación en 30 (treinta) días, iniciando el contencioso administrativo.

La reserva que justifica la expresión «en tesis», utilizada en el párrafo anterior, resulta así porque las Cortes Supremas en Brasil consideran que la autodeterminación, por configurar una confesión de deuda, permite la inscripción en la deuda activa sin la previa notificación al sujeto pasivo, dado que, siendo la norma insertada por él mismo, no habría por qué presumirse que su contenido no sea de conocimiento previo de aquel.

Esta es la posición reciente del Superior Tribunal de Justicia acerca del tema[85]:

> PROCESAL CIVIL – ICMS – EMBARGOS A LA EJECUCIÓN FISCAL – TASA SELIC – COBRO DE CRÉDITOS TRIBUTARIOS – POSIBILIDAD – PRECEDENTES – NULIDAD DEL CDA – ANÁLISIS DE LA MATERIA FÁCTICA – IMPOSIBILIDAD – SUMILLA 7/STJ – APLICACIÓN DE LA SUMILLA 83/STJ.

---

85 BRASIL. Supremo Tribunal de Justicia. *Ag.Reg. en el Recurso Especial* N.° 984.850 - SP (2007/0151742-7). Voto del Magistrado Humberto Martins. Brasília, DF, 14 de diciembre del 2007. Disponible en el siguiente link: <https://ww2.stj.gov.br/revistaeletronica/Abre_Documento.asp?sLink=ATC&sSeq=3530399&sReg=200701517427&sData=20071214&sTipo=91&formato=PDF>. Visto el: 07-01-08.

1. Esta Corte entiende que es posible la incidencia de la tasa SELIC para el cobro de los débitos fiscales. 2. En la jurisprudencia de este Tribunal no hay controversia en «la obtención de la certeza y liquidez del Certificado de la Deuda Activa (CDA), así como la presencia de los requisitos esenciales a su validez y de la regularidad de las determinaciones, conduce necesariamente al reexamen del conjunto fáctico-probatorio de los autos, medida que no se puede ejecutar en la instancia especial» (REsp 886.637/DF, Rel. Magistrado João Otávio de Noronha, juzgado el 21.8.2007, DJ 17.9.2007.) 3. *In casu*, se pretende la nulidad del certificado de la deuda activa (CDA), dado que se postula la producción de una prueba pericial y la presentación del proceso administrativo. 4. *Tratándose de un débito declarado y no pagado, típico de la autodeterminación, se dispensa la homologación formal, vale decir, el débito es exigible sin una previa notificación o proceso administrativo*. Agravio regimental declarado improcedente (los destacados son nuestros).

La posición del Poder Judicial resulta, como ya dijimos, del carácter de confesión de la deuda atribuida a la autodeterminación y, también, del reconocimiento, aunque no sea expreso, de que el sujeto pasivo está habilitado por el sistema del Derecho Positivo para promover la inserción de la norma válida. La norma individual y concreta es válida, y el reconocimiento de ello es la ausencia de la notificación, lo que atribuye definitividad al acto realizado por el sujeto pasivo.

Fabiana Del Padre TOMÉ, tratando sobre el tema, enseña lo siguiente:

La aplicación de la norma general y abstracta puede ser realizada por el contribuyente o por la autoridad administrativa. En la primera hipótesis, se tiene la impropiamente denominada determinación por homologación, en la que el particular emite la norma individual y concreta, y él mismo constituye su obligación tributaria, dispensando, por lo tanto, la apertura de un proceso administrativo para legitimar la exigencia. Por otro lado, cuando la obligación tributaria es constituida por un acto administrativo, se está ante la determinación tributaria, referida por el artículo 142 del Código Tributario Nacional. Por ser un acto unilateral, se exige la apertura de oportunidad para que el contribuyente lo impugne, configurándose el contradictorio y la amplia defensa, inherentes al debido proceso legal. Cuando se formalice la resistencia del administrado a la pretensión fiscal, se inicia el proceso administrativo.

Con relación a la autodeterminación, no hay ninguna crítica al carácter definitivo atribuido a la autodeterminación. Sin embargo, la comprensión no es la misma cuando se inscriben las multas punitivas en la deuda activa, así entendidas como aquellas diversas de la multa de mora del 20% (veinte por ciento).

Precisamente por presentar carácter punitivo, el sujeto pasivo debe tener la posibilidad de defenderse, dándole la posibilidad de producir otro hecho jurídico tributario que sustituya al anterior.

La autora también señala que en la autodeterminación se resguarda el derecho de rectificación de las informaciones, así como el pedido de revisión por parte del sujeto pasivo.

A través del proceso administrativo -que representa un conflicto de intereses entre la Administración y el sujeto pasivo de la obligación tributaria- se podrá insertar en el sistema del Derecho Positivo otra norma individual y concreta que retire del sistema a la anterior norma de determinación.

Es a través del proceso administrativo que los errores de hecho y de derecho del acto administrativo de determinación tributaria serán analizados y podrán culminar en la producción de otra norma, que sustituye a la primera.

El proceso administrativo fiscal solo aparece en un momento posterior al nacimiento del crédito tributario, mediante la resistencia del contribuyente a la pretensión del Fisco[86].

Toda la coherencia del proceso de positivización del derecho tributario, partiendo de la norma general y abstracta a la norma individual y concreta, la determinación vista en su integridad, partiendo de la vinculación del proceso hacia el producto, como acto administrativo-tributario, será analizado en esta oportunidad. Las partes -Administración y sujeto pasivo- podrán producir pruebas para desconstituir aquel hecho jurídico tributario presente en el antecedente de la norma de determinación.

Aquí se debe destacar una importante cuestión: cuando nos referimos al proceso administrativo que revisa la determinación, estamos haciéndolo también en relación a la determinación efectuada por la autoridad administrativa, que junta la obligación tributaria y las penalidades en un mismo vehículo introductor de la norma: el acta de infracción y aplicación de la penalidad.

Modernamente, las autoridades administrativas, en detrimento de la mejor técnica y en detrimento del propio concepto de tributo insertado en el artículo 3º del Código Tributario Nacional, utilizan una sola norma introductora para insertar en el sistema no solo la obligación de pagar el tributo, sino también sus penalidades por el incumplimiento de la norma, deberes instrumentales, penalidades y actualización monetaria.

Cuando se emite un acta de infracción se inicia el contencioso administrativo, en el supuesto que el sujeto pasivo impugne el acto administrativo-tributario. La impugnación del acta de infracción e imposición de multa son

86 Tomé, Fabiana Del Padre. *A Prova no Direito Tributário*. 1.ª ed. São Paulo: Editora Noeses, 2005, p. 271.

facultades del contribuyente, pero la apertura del plazo para ello es una garantía constitucional, que no puede ser suprimida en ninguna hipótesis, bajo pena de nulidad absoluta del proceso administrativo, dado que vicia todos los actos posteriores, cualesquiera que sean ellos.

En este punto es importante resaltar que el contencioso tributario no se inicia con la inserción de la norma individual y concreta en el sistema del Derecho Positivo. El litigio solo se configura cuando el sujeto pasivo se resiste a la pretensión del Estado.

El artículo 145 del Código Tributario Nacional prescribe lo siguiente:

Art. 145. La determinación tributaria regularmente notificada al sujeto pasivo solo puede ser alterada en virtud de:

I. Impugnación del sujeto pasivo;

II. Recurso de oficio; e

III. Iniciativa de oficio de la autoridad administrativa, en los casos previstos en el artículo 149.

De la lectura de este enunciado, podemos concluir que la impugnación del sujeto pasivo instaura el proceso administrativo fiscal, a través de la resistencia del sujeto pasivo a la pretensión del Estado.

El segundo inciso prevé el «recurso de oficio», que presupone una decisión favorable al contribuyente, por lo que el órgano juzgador administrativo deberá recurrir de oficio a la propia decisión, sometiéndola a una nueva apreciación, también en el ámbito del contencioso administrativo.

El último inciso prevé la iniciativa de oficio de la autoridad administrativa, en los casos previstos en el artículo 149[87].

---

[87] «Art. 149. La determinación es efectuada y revisada de oficio por la autoridad administrativa en los siguientes casos:

I. Cuando la ley así lo determine;

II. Cuando la declaración no sea prestada en el plazo y en la forma de la legislación tributaria;

III. Cuando la persona legalmente obligada, aunque haya prestado declaración en los términos del inciso anterior, deje de atender, en el plazo y en la forma de la legislación tributaria, el pedido de aclaración formulado por la autoridad administrativa, se rechace a prestarlo o no lo preste satisfactoriamente, al juicio de aquella autoridad;

IV. Cuando se compruebe la falsedad, error u omisión sobre cualquier elemento definido en la legislación tributaria como si fuera de declaración obligatoria;

V. Cuando se compruebe la omisión o la inexactitud, por parte de la persona legalmente obligada, en el ejercicio de la actividad a que se refiere el artículo siguiente;

VI. Cuando se compruebe la acción u omisión del sujeto pasivo, o de un tercero legalmente obligado, que dé lugar a la aplicación de una penalidad pecuniaria;

VII. Cuando se compruebe que el sujeto pasivo, o tercero en beneficio de aquel, actuó con dolo, fraude o simulación;

Con relación al artículo 149, existen dos posiciones referentes a los «momentos» en los que la prerrogativa prescrita podría ser ejercida por la Administración.

Ambas posiciones se diferencian por el «momento» del ejercicio, teniendo como criterio de referencia la existencia de litigio o no.

La primera posición afirma que la competencia revisora de la autoridad administrativa cesa cuando se instaura la fase propiamente procesal, competencia que no corresponde al órgano habilitado de realizar la determinación[88].

Esta posición es defendida por eminentes juristas, como Lúcia Valle FIGUEIREDO y Alberto XAVIER. La profesora Lúcia defiende lo siguiente:

> Se verifica que nuestra posición es dualista, de la misma forma que la del eminente profesor Alberto Xavier. Realmente, consideramos que hay dos fases distintas: la primera fase concluye definitivamente con la determinación o acta de infracción, que hace a veces de la determinación; mientras que la segunda se inicia con la impugnación, que apertura el debido proceso. Por lo tanto, es la fase en la que ya hay litigio, como fue caracterizado por Carnelutti.

Esta posición concluye que si no hay litigio, entonces estaríamos ante una «revocación». Habiendo litigio, entonces habría una «anulación», la cual no resulta del ejercicio de la facultad del artículo 149 –en este caso ya no es facultad–, sino como consecuencia de la decisión administrativa que produciría una norma para sustituir, eventualmente, a la norma individual y concreta.

La otra posición entiende que el artículo 149 prevé una facultad que la Administración puede ejercer en cualquier momento, habiendo o no litigio.

Esta posición permite que todos los casos previstos en el artículo 149 sean reconocidos como una facultad de la Administración –sea «revocación» de la determinación anterior o de «anulación»–, que depende del momento procedimental en el que sean vertidos en lenguaje.

Consideramos que, habiendo litigio, la facultad del artículo 149 ya no podría ser ejercida, especialmente considerando el derecho que tiene el contri-

---

VIII. Cuando deba ser apreciado como un hecho no conocido o no probado debido a la determinación anterior; y

IX. Cuando se compruebe que, en la determinación anterior, ocurrió fraude o falta funcional de la autoridad que lo efectuó, u omisión, por la misma autoridad, de un acto o formalidad especial».

88 FIGUEIREDO, Lúcia Valle. Informe elaborado para la Orden de los Abogados de Brasil – Sección de São Paulo. Informe oral proporcionado en el Curso de Derecho Administrativo II, del curso de Maestría en Derecho, de la Pontifícia Universidad Católica de São Paulo. São Paulo, marzo del 2007.

buyente de obtener una decisión administrativa que, si es favorable, se revestirá de inmutabilidad.

Si no se inicia el contencioso tributario o incluso si el plazo para la interposición de la defensa-impugnación no se agotó, entonces el nuevo lenguaje de la Administración sustituirá al primero y un nuevo plazo será dado al sujeto pasivo para la impugnación.

En este caso, no hay una pretensión resistida del administrado. Lo que hay es un juicio de valor de la propia Administración, que a través de un control de legalidad interno decide, de oficio, alterar la determinación tributaria por las razones expuestas en el artículo 149 y, eventualmente, la sustituye por otra.

Toda la exposición realizada hasta ahora pretende demostrar que a través del proceso administrativo fiscal, los hechos alegados, al final, se tornarán hechos probados y alterarán la norma individual y concreta anterior, vale decir, la sustituirá y expulsará a la primera norma del sistema.

El proceso administrativo fiscal y el control judicial de los actos administrativo-tributarios son formas de aplicar las ideas defendidas en este trabajo: se analiza el procedimiento vinculado de la determinación a partir de su producto.

En esta fase, teniendo a la norma individual y concreta como soporte, analizaremos si hubo o no exceso de la discrecionalidad del agente administrativo y en qué medida; si hubo divergencia entre la norma individual y concreta y la norma general y abstracta; y (lo más importante) en qué medida esa divergencia afectará la norma.

En este punto analizaremos la vinculación o no del agente administrativo en el caso concreto. De qué forma interpretó los llamados «conceptos jurídicos indeterminados», o, como adoptamos en este trabajo, de qué forma los términos vagos y ambiguos fueron determinados, y cómo los contenidos de significación fueron atribuidos a esos términos.

Nada más productivo y eficaz: se debe analizar el proceso de positivización del derecho tributario, subiendo en el sentido del proceso de fundamentación de las normas y descendiendo en el proceso de positivación del derecho, donde una norma da el fundamento de validez a otra norma.

En este punto, abrimos un paréntesis para analizar la cuestión del error de hecho y error de derecho.

1.1. Error de hecho y error de derecho

El profesor Paulo de Barros CARVALHO enseña que habrá *error de hecho* cuando estemos ante un problema intranormativo, un desajuste interno en la estructura del enunciado, por la insuficiencia de datos lingüísticos informativos o por el uso indebido de construcciones de lenguaje que a veces son consideradas como prueba[89].

Mientras que el error de derecho también sería un problema semántico, pero entre enunciados de normas jurídicas diferentes. Sería un problema en el proceso de positivización del derecho, vale decir, en la cadena de fundamentación normativa.

En este punto, es muy interesante citar las enseñanzas del profesor Paulo de Barros CARVALHO sobre este tema:

- Los desajustes internormativos denotan error de derecho; mientras que los desajustes intranormativos denotan error de hecho;
- Error de hecho tan solo se opera en las normas individuales y concretas;
- Error de derecho envuelve un proceso de positivización, con el desajuste entre la norma individual y concreta y la norma general y abstracta; y
- Tratándose de la alícuota y sujeto activo, estamos ante un error de derecho, en cualquier situación.

El error de hecho y error de derecho, que sustituyen la teoría tradicional de «vicios formales y vicios materiales», son relevantes cuando nos encontramos con el artículo 173 del Código Tributario Nacional.

Este artículo determina que «el derecho de la Hacienda Pública para constituir el crédito tributario se extingue a los 5 (cinco) años, contados a partir de la fecha en la que se torna definitiva la decisión que haya anulado, por vicio formal, la determinación anteriormente efectuada».

En el ámbito del proceso administrativo, el «vicio formal» es caracterizado por el Consejo de Contribuyentes[90] de la siguiente forma:

> PROCESO ADMINISTRATIVO FISCAL – VICIO FORMAL – Caracteriza la ocurrencia de un vicio formal la inobservancia en la notificación de la determinación de formalidad esencial prevista en Ley.

La cuestión de la «formalidad esencial» prevista en ley, desde nuestro análisis, significa, en las palabras de Celso Antônio Bandeira de Mello, «la específica manera por la cual el acto debe ser exteriorizado». Además de la específica manera por la cual el acto debe ser exteriorizado, estaremos ante un

---

[89] CARVALHO, Paulo de Barros. *Curso de Direito Tributário.* 19.ª ed. São Paulo: Editora Saraiva, 2007, p. 451.

[90] Consejo de Contribuyentes, Octava Cámara, 10166.013201/2001-27.

vicio formal cuando exista un error de derecho, vale decir, un desajuste entre la norma individual y concreta y la norma general y abstracta que le da fundamento de validez.

La jurisprudencia del Consejo de Contribuyentes[91] corrobora nuestra comprensión cuando prescribe lo siguiente:

> ITR. NULIDAD. VICIO FORMAL. La notificación de determinación que no contenga la identificación de la autoridad que la expidió es nula por vicio formal. Proceso anulado *ab initio.*

Mientras que el «vicio material» sería un error de hecho, interno a la propia determinación, a la norma individual y concreta. El Consejo de Contribuyentes señala lo siguiente:

> VICIO MATERIAL – ERROR EN LA CONSTRUCCIÓN DE LA DETERMINACIÓN – Padece de un vicio material la determinación que altera las características del crédito tributario, modificando sus elementos[92].
>
> DETERMINACIÓN – NULIDAD – VICIO MATERIAL – CADUCIDAD – Es nula la determinación cuando estén ausentes la descripción del hecho generador y la determinación de la materia tributable, por tratarse de un vicio de naturaleza material. Aplicable lo dispuesto en el artículo 150, § 4°, del CTN[93].

Dejemos de lado la doctrina tradicional sobre el asunto y pasemos a analizar los vicios formales y vicios materiales desde la óptica de la teoría del profesor Paulo de Barros. Esta óptica nos ayudará en la tarea de analizar la determinación como una norma individual y concreta, y, de esa forma, aplicando la teoría de los actos vinculados y discrecionales, ya con las reservas realizadas en este trabajo, podremos verificar el grado de discrecionalidad del administrador y, también, la idoneidad de la norma individual y concreta de la determinación a las prescripciones de la norma que le da fundamento (norma general y abstracta).

1.2. La norma producida en el proceso administrativo fiscal

Para concluir, retornando a la cuestión del control de legalidad de los actos administrativos-tributarios, debemos afirmar que el proceso administrativo fiscal culminará: a) con la confirmación de la definitividad de la determinación que fue impugnada a través del proceso; b) con la sustitución o modificación de la determinación; o c) con la anulación del acto administrativo-tributario de la determinación, por un error de hecho o un error de derecho.

---

91 Consejo de Contribuyentes, Tercera Cámara, 13847.000092/2003-79.

92 Consejo de Contribuyentes, Segunda Cámara, 15374.004770/2001-40.

93 Consejo de Contribuyentes, Segunda Cámara, 10580.007886/2002-62.

En los casos de reconocimiento de error de derecho, o los llamados «vicios formales», el plazo para que la autoridad administrativa determine nuevamente es reabierto, en detrimento de la prescripción, por fuerza de las disposiciones del artículo 173 del Código Tributario Nacional.

En los casos de «vicios materiales» o «sustanciales», como prefiere utilizar el Consejo de Contribuyentes (error de hecho, desde nuestra nomenclatura), no se podrá realizar una nueva determinación, en caso se cumpla el plazo de prescripción.

Sin embargo, en cualquier situación, siendo la decisión favorable al contribuyente, se le prohíbe a la Hacienda Pública que discuta judicialmente dicha decisión, debiendo exonerar, de oficio, al sujeto pasivo de toda carga correspondiente a dicha determinación declarada nula.

El artículo 45 del Decreto N.° 70.235, del 06 de marzo de 1972, prescribe lo siguiente:

> Art. 45. En el caso de una decisión definitiva favorable al sujeto pasivo, la autoridad debe exonerarlo, de oficio, de los gravámenes resultantes del litigio.

Además de esta previsión legal, la decisión administrativa definitiva también se encuentra prevista en el artículo 156 del Código Tributario Nacional como una causa de extinción del crédito tributario, con la siguiente reserva:

> Artículo 156. Extinguen el crédito tributario:
>
> (...)
>
> IX. (...) que ya no pueda ser objeto de una acción anulatoria.

Entendemos que esta reserva no se justifica porque no es jurídicamente posible que la Administración litigue en juicio, teniendo como objeto una decisión emitida por ella misma.

Tomamos como ejemplo un paralelo trazado por Hugo de Brito Machado, dado que aproxima la cuestión del procedimiento administrativo a las licitaciones públicas. En el caso que una comisión permanente de licitaciones decida por la homologación y adjudicación en favor de una licitante y no de otra, la parte perjudicada tendrá la facultad de ingresar en juicio, teniendo como demandada no a la empresa favorecida, sino a la Administración Pública, dado que es la responsable por el procedimiento administrativo, en un ejercicio atípico de función «juzgadora».

Trayendo este ejemplo hacia el proceso administrativo tributario, ¿a quién elegirá la Administración como «demandado» en un proceso que pretende anular una decisión generada por ella misma? ¿Al sujeto pasivo beneficiado, que no es responsable por la decisión? La legitimidad de parte, en el proceso civil brasileño, es considerada como la capacidad de deshacer el acto impugnado. Si la decisión impugnada es proferida por la Administración, en favor del sujeto pasivo, ¿cómo este mismo sujeto pasivo podrá deshacer una decisión que no profirió en juicio? No tiene ningún sentido en esta hipótesis.

Es evidentemente que tratándose de un fraude u otros vicios en el proceso administrativo, la Hacienda Pública podrá ingresar en juicio contra la parte que cometió el ilícito. Pero una decisión proferida regularmente en favor del contribuyente, después de regular el proceso administrativo, no puede ser objeto de una acción judicial anulatoria por ausencia de reo.

La brillante profesora administrativista Lúcia Valle FIGUEIREDO[94], analizando el tema a pedido de la Orden de los Abogados de Brasil (Sección de São Paulo), se manifestó en los siguientes términos:

> El proceso administrativo tributario fue concebido exactamente como una garantía del contribuyente para que la Administración se contuviera dentro de sus límites.
>
> Jamás sería necesario un proceso formal, absolutamente vinculado, para proteger a la Administración de los contribuyentes. El Estado no necesita defenderse del pueblo, pero los mecanismos de contención existen para evitar la arbitrariedad del Estado, como un sistema de contrapeso.

A través del proceso administrativo fiscal se puede ejercer el control del producto, vale decir, de la norma individual y concreta que fue insertada en el sistema por un agente competente. Evidentemente, la propia competencia del agente podrá ser objeto de análisis a través del contencioso administrativo.

Se destaca que la vinculación o discrecionalidad del ejercicio de la incidencia tributaria tiene un fuerte elemento de control en el proceso administrativo fiscal, facultándose al contribuyente, con excepción de la autodeterminación, a ejercer, con la garantía de que son asegurados los derechos de contradictorio, amplia defensa y debido proceso legal, también en esta esfera, el control de legalidad de los actos administrativos-tributarios.

2. EL CONTROL JUDICIAL DE LOS ACTOS ADMINISTRATIVOS-TRIBUTARIOS

Ya vimos anteriormente que la sumilla (o súmula) 473 del Supremo Tribunal Federal determina que el Poder Judicial no puede realizar actos administrativos, sino solo declararlos nulos, después del análisis de la legalidad de los mismos actos.

---

[94] FIGUEIREDO, Lúcia Valle. Informe elaborado para la Orden de los Abogados de Brasil - Sección de São Paulo. Informe oral proporcionado en el Curso de Derecho Administrativo II, del curso de Maestría en Derecho, de la Pontificia Universidad Católica de São Paulo. São Paulo, marzo del 2007.

La cuestión de los límites del Poder Judicial cuando se enfrenta a cuestiones tributarias, si podría o no emitir un acto que sustituya al anterior, es una discusión antigua que deriva de la tripartición de poderes.

Entendemos que este no es el tema central de nuestro trabajo. Por lo tanto, la tripartición de poderes se justifica, en el contexto en el que fue creada, como una forma de reducir las atribuciones del entonces ejecutivo -ejercido por el Monarca-, suprimiéndole las funciones estatales y atribuyéndolas a otros poderes: legislativo y judicial.

Sin embargo, no se trata de una distinción estancada, y el proceso administrativo fiscal es un ejemplo de eso: todos los poderes estatales, en mayor o menor medida, realizan actos que serían supuestamente adscritos a otros poderes. En otras palabras, el Poder Judicial «legisla» internamente; el Poder Legislativo «procesa y juzga» a través de las Comisiones Parlamentarias de Investigación; y el Poder Ejecutivo «legisla» a través del decreto legislativo.

Consideramos que existen funciones típicas y atípicas, pero la tripartición es una cuestión de organización estatal y no de ejecución específica y en carácter totalitario de determinadas actividades.

Dentro de este contexto, necesitamos analizar cuál es el límite del Poder Judicial cuando se analizan los actos administrativo-tributarios, si solo los declara nulos o, eventualmente, los sustituye por otros, «actuando» en sustitución de la autoridad administrativa y reformando sus actos.

Inicialmente, podemos tomar como referencia las propias definiciones de «acto administrativo» utilizadas anteriormente, donde todos los autores citados manifiestan que el acto administrativo está sujeto al control del Poder Judicial.

Esta posibilidad de control es inherente al propio Derecho Positivo, dado que es un principio de Derecho Constitucional Tributario la prescripción del inciso XXXV del artículo 5º de la Constitución Federal, que preconiza que la ley no excluirá de la apreciación del Poder Judicial la lesión o la amenaza al derecho.

Siendo el acto administrativo una declaración del Estado que pretende dar concreción a la norma general y abstracta previamente instituida, es inexorable que se concluya que al Poder Judicial le corresponde, cuando sea provocado para ello, analizar la legalidad de los actos administrativos.

En otras palabras, el Poder Judicial es un órgano capaz y adecuado para analizar el proceso de positivización de las normas individuales y concretas tributarias, especialmente para verificar si (como actos administrativos) se conservaron los derechos individuales envueltos y el cumplimiento del principio de legalidad estricta en la esfera administrativa, inscrito en el artículo 37 de la Constitución Federal.

La decisión administrativa se encuentra prevista en el artículo 156 del Código Tributario Nacional. La decisión judicial recibe un idéntico tratamiento que esta decisión y es considerada como una causa extintiva del crédito tributario.

En el caso de una decisión judicial, nuevamente tenemos un lenguaje que se superpone a otro lenguaje, vale decir, el lenguaje de la decisión judicial firme se superpone al lenguaje de la norma individual y concreta de la determinación, y la retira del sistema del derecho positivo.

Se destaca que una medida cautelar o una anticipación de tutela, así como las decisiones provisionales, como una sentencia favorable en mandato de seguridad, alcanzan la eficacia técnica de la norma y no su validez. Lo que alcanza la validez, de forma definitiva, es otra norma, también definitiva.

No es necesario explayarse sobre la prueba en el proceso judicial. En el ámbito judicial, se puede constituir todo tipo de prueba prevista en el ordenamiento jurídico para producir un hecho probado que sustituya el hecho jurídico tributario previsto en el antecedente de la norma individual y concreta o, también, demostrar vicios en el proceso de enunciación. No olvidemos que se tendrá como soporte el producto de dicho proceso.

En el ámbito judicial también se puede analizar si la competencia constitucional prevista fue ejercida adecuadamente. Se analizará si la norma es válida no solo desde el punto de vista de la norma introducida, sino como norma introductora, vale decir, como vehículo introductor de normas en el sistema.

Las cuestiones «formales» y «materiales» pueden ser analizadas en el ámbito judicial, y también el límite del ejercicio de la discrecionalidad de la autoridad administrativa.

Retomando el ejemplo utilizado en este trabajo, con referencia al IPTU y a la construcción del concepto de «área urbana», la parte que se sintiese perjudicada puede someter a la apreciación del Poder Judicial la forma cómo la Administración determinó el contenido de la expresión «área urbana».

No son pocos los casos donde el Poder Judicial reconoce su competencia para analizar actos administrativos, incluso en los denominados «discrecionales» por la doctrina, analizando la norma general y abstracta.

El Superior Tribunal de Justicia[95] manifestó lo siguiente:

> Si bien la Administración tiene una cierta discrecionalidad en la elaboración de las normas destinadas a la realización de concursos públicos, ellas deben, como cualquier otro acto administrativo, estar en consonancia con la Constitución Federal y con toda la legislación infraconstitucional que rige la

[95] Superior Tribunal de Justicia, Primera Sala, 2004/0091884-1, 10/04/2007.

actividad pública. De ahí es que se hace posible la intervención del Poder Judicial en causas que se refieran a los concursos públicos siempre que sea observada una eventual violación de los principios que rigen la Administración Pública, en especial el de la legalidad y el de la vinculación al edicto.

La discrecionalidad administrativa encuentra límites, que son impuestos por el propio principio de legalidad. Así, todo acto que sea, en el ámbito de la norma legal, discrecional, en el caso concreto, siempre es pasible de control jurisdiccional. Un idéntico raciocinio se aplica a los llamados conceptos jurídicos indeterminados, sobre los cuales ya manifestamos que la indeterminación es el resultado del uso del lenguaje idiomático técnico y no científico.

Con relación a este último concepto, el mismo Superior Tribunal de Justicia[96] ya se manifestó en un interesante voto:

> RECURSO EN MANDATO DE SEGURIDAD. DENEGACIÓN DEL PEDIDO DE REMOCIÓN. INEXISTENCIA DE FUNDAMENTACIÓN QUE DEMUESTRE EL INTERÉS PÚBLICO. CRITERIO DE ANTIGÜEDAD MANTENIDO. I. El asiento regimental N.° 1/88, en el artículo 8°, establece el criterio de antigüedad para la remoción de un magistrado, en el supuesto que más de un interesado litigue la remoción para una sola vacante. Criterio no absoluto, debido a la disposición: «salvo relevante interés público, debidamente justificado». II. <u>Viabilidad del control del Poder Judicial a los conceptos jurídicos indeterminados</u> y al motivo del acto administrativo. III. Ausencia de la demostración de perjuicio al servicio forense que justifica el alejamiento del criterio de antigüedad. V. Recurso ordinario declarado procedente (los destacados son nuestros).

El Supremo Tribunal Federal[97], sobre el mismo tema, también se posicionó sobre la posibilidad de apreciación del Poder Judicial, incluso en los actos discrecionales, donde existe la implicación de los «conceptos jurídicos indeterminados» (utilizando la nomenclatura usual), a saber:

> Los presupuestos de urgencia y relevancia, aunque sean <u>conceptos jurídicos relativamente indeterminados y fluidos,</u> incluso exponiéndose, inicialmente, a la evaluación discrecional del Presidente de la República, están sujetos, aunque sea excepcionalmente, al control del Poder Judicial, porque componen la propia estructura constitucional que regula las medidas provisionales, calificándose como requisitos legitimadores y jurídicamente condicionantes del ejercicio, por el Jefe del Poder Ejecutivo, de la competencia normativa primaria que le fue otorgada, extraordinariamente, por la Constitución de la República. Doctrina. Precedentes. El posible

96 Superior Tribunal de Justicia, Magistrado Felix Fischer, RMS 19590 / RS, 02/02/2006.
97 Supremo Tribunal Federal, Magistrado Celso de Mello, ADI-MC 2213 / DF, 04/04/2002.

control jurisdiccional, incluso siendo excepcional, se apoya en la necesidad de impedir que el Presidente de la República, al editar medidas provisionales, incida en exceso de poder o en la situación de un manifiesto abuso institucional, dado que el sistema de limitación de poderes no permite que prácticas gubernamentales abusivas vengan a prevalecer sobre los postulados constitucionales que informan la concepción democrática de Poder y de Estado, especialmente en aquellas hipótesis en las que se registrase el ejercicio anómalo y arbitrario de las funciones estatales (los destacados son nuestros).

Concluimos afirmando que todo acto administrativo está sujeto al control del Poder Judicial (especialmente cuando los límites del ejercicio de la discrecionalidad deban ser analizados) cuando se considere que la norma construida en el nivel S4 (parte del proceso de positivización donde hay un análisis sistémico) violó las garantías de la otra parte envuelta.

Para finalizar, realizaremos una síntesis conclusiva de lo que expusimos hasta aquí.

3. CONTROLES ADMINISTRATIVOS Y JUDICIALES - SÍNTESIS DE IDEAS

De la lectura de los posicionamientos de los Tribunales Administrativos y Judiciales acerca de la posibilidad de control de los actos administrativos, desde el punto de vista del ejercicio de la discrecionalidad y la aplicación de los llamados «conceptos jurídicos indeterminados», concluimos que el análisis de la legalidad, la armonía de la norma individual y concreta con el sistema como un todo, ocurrirá de tres formas.

La primera de ellas será a través del ejercicio de las prerrogativas previstas en el artículo 149 del Código Tributario Nacional, que (desde nuestro punto de vista) solo pueden ser ejercidas antes de ser instaurado el litigio entre las partes. En otras palabras, la Administración puede ejercer el control de legalidad de sus propios actos, pero deberá hacerlo como «revocación», como clasifican los administrativistas, vale decir, antes de que exista un litigio entre las partes, en el ámbito de lo que defendimos anteriormente, dado que el sujeto pasivo tiene el derecho al contencioso, considerando los efectos que ese contencioso podrá generarle, como la inmutabilidad de la decisión administrativa favorable al sujeto pasivo.

La segunda posibilidad es a través del propio litigio administrativo, instaurado por la manifestación formal del sujeto pasivo, que no concuerda con el lenguaje producido por la Administración, y a través del proceso administrativo se puede producir un nuevo lenguaje, que sustituye el lenguaje anterior. Este nuevo lenguaje podrá retirar la determinación del sistema del Derecho Positivo, podrá alterarlo o incluso mantenerlo como definitivo en esta esfera.

Habiendo una decisión contraria al sujeto pasivo en esta esfera, a él todavía se le faculta el ejercicio de su derecho de petición ante el Poder Judicial. Sin embargo, si le es favorable, desde nuestro punto de vista, la decisión administrativa es inmutable, no pudiendo ser sometida al Poder Judicial, por las razones ya expuestas en este trabajo.

Por último, la determinación podrá ser sometida al Poder Judicial, que tendrá una amplia libertad de análisis. Esta libertad de conocimiento del derecho subjetivo material, desde nuestro punto de vista, encuentra límites en el caso concreto. En materia tributaria, al Poder Judicial no le corresponde «determinar» en sustitución de la Administración, en el ejercicio de sus funciones. Podrá anular la determinación, modificarla o mantenerla, pero no podrá realizar actos propios de la Administración. Cuando sea el caso, debe comunicar a la Administración para que ella lo haga a través de los agentes competentes.

El control de los actos administrativo-tributarios, después de la inserción de la norma individual y concreta en el ordenamiento jurídico, es la única forma de averiguar y establecer si una norma es coherente con el sistema, si su proceso de positivización fue armónico y lícito y, también, si el producto de ese proceso está en consonancia con las reglas preestablecidas por el propio sistema.

El proceso de incidencia es libre, vale decir, ocurre en consonancia con la voluntad del hombre. Por esta misma razón, al estudiar las formas de control de la legalidad de ese proceso, estamos utilizando la única herramienta que el sistema nos faculta para mantener el orden interno y la legalidad, tanto del proceso de positivización como de la fundamentación del derecho.

CONCLUSIONES

1. Toda norma en sentido estricto tributaria es, antes de ser una norma tributaria, un acto administrativo.
2. La distinción entre «hechos» y «actos» jurídicos, utilizada comúnmente en el Derecho Administrativo, no es útil, dado que usamos la dicotomía «hecho» y «evento».
3. Los «eventos» no existen para la realidad de las cosas, de tal forma que tampoco existen para el universo del Derecho Positivo.
4. Para que los eventos «existan» deben ser vertidos en lenguaje, cualquiera que sea este.
5. Conclusión inevitable: si los eventos no existen para el mundo del Derecho, entonces admitir que los «hechos jurídicos» son meras ocurrencias del mundo fenoménico que el derecho juridiciza, atribuyendo efectos, sería despreciar la necesidad de lenguaje competente para que el predicado «jurídico» sea atribuido a un hecho, condición necesaria para que este «hecho» ingrese en el universo del Derecho.
6. Dentro de estas premisas, entendemos que el lenguaje construye la realidad en tres etapas diferentes.
7. «S1» es el sistema de los eventos que no están vertidos en lenguaje. En este sistema (para nosotros) no existe ninguna realidad.
8. «S2» es el conjunto de los hechos sociales, vale decir, están vertidos en cualquier tipo de lenguaje.
9. «S3» es el sistema del derecho positivo. En este sistema los eventos están vertidos en un lenguaje y se transforman en «hechos». Estos «hechos sociales» son transformados en «jurídicos» a través del lenguaje competente para el Derecho.
10. Si tanto el «hecho jurídico administrativo» como el «acto jurídico administrativo» son versiones en lenguaje competente de eventos que provocarán efectos en la esfera del Derecho Positivo; entonces entendemos que ambos son «hechos jurídicos administrativos», presentes en las hipótesis de las normas generales y abstractas administrativas.

11. Un «hecho jurídico administrativo» puede derivar de un evento, que se transforma automáticamente en un «hecho jurídico», considerando que el agente competente lo haya presenciado y vertido en lenguaje (directamente en lenguaje competente) sin que el lenguaje social lo anteceda.
12. Un «hecho jurídico administrativo» puede derivar también de un evento vertido en un lenguaje social -hecho social- y tan solo después de ser lenguaje competente para el universo del Derecho recibirá el predicado «jurídico». Esto ocurre cuando el agente competente se «entera» de la ocurrencia del evento. Esta «noticia» no es un lenguaje prescriptivo, sino un lenguaje descriptivo de situaciones objetivas, que sirve para transmitir informaciones.
13. Existen tres disociaciones comunes para justificar la escisión entre «hechos jurídicos» y «actos jurídicos» en el ámbito de la disciplina administrativa. Entendemos que, bajo nuestras premisas, ninguna de las tres se sustenta.
14. La revocación, tanto de los «hechos jurídicos» como de los «actos jurídicos», son antecedentes de las normas individuales y concretas, porque solo de esta forma «existirán» para el Derecho; entonces, ambos son «revocables» y «anulables» por una norma posterior, por otro lenguaje que los expulse del sistema antes o después de la instauración del litigio.
15. El segundo criterio es la presunción de legitimidad. Entendemos que toda norma insertada válidamente en el sistema, así entendida como la conjunción entre el procedimiento y la competencia, goza de la presunción de legitimidad. La corrección del procedimiento y el regular ejercicio de la competencia son presumidos. Esta presunción solo se deshace por otro lenguaje.
16. La última de las distinciones se refiere a la discrecionalidad. Considerando que el proceso de incidencia pasa por la necesaria interferencia del ser humano y no hay incidencia sin valoración, habrá discrecionalidad, aunque sea mínima, tanto en la producción del lenguaje competente de los «hechos jurídicos» como de los «actos jurídicos». Por esta razón, tan solo el control posterior de la legalidad podrá cotejar la corrección del producto-norma y del proceso de enunciación de esa norma.
17. Delante de nuestras premisas, entendemos que no hay justificación para el mantenimiento de la dicotomía «hechos jurídicos administrativos» y «actos jurídicos administrativos». Proponemos la sustitución de dicha nomenclatura por «hechos jurídicos administrativos en sentido estricto», en sustitución a los llamados «actos administra-

tivos», y «hechos jurídicos administrativos en sentido amplio» para los llamados «hechos administrativos».

18. Adoptamos la clasificación de los «elementos» del acto administrativo, utilizada por el profesor Celso Antônio Bandeira de Mello, aunque pasemos a utilizar en el trabajo la nomenclatura «actos administrativos», tan solo para facilitar la comprensión.

19. Un acto vinculado es aquel en el que supuestamente no habría margen de discrecionalidad para la producción de la norma.

20. Entendemos que no existe un acto administrativo propiamente vinculado, dado que el análisis subjetivo del hombre es de la naturaleza del proceso de incidencia. La incidencia presupone una cierta discrecionalidad, que solo será controlada después de la inserción de la norma individual y concreta en el sistema.

21. Defendimos «actos vinculados» como actos cuya subjetividad es reducida. La norma general y abstracta trae criterios más rígidos para identificar la clase de hechos que se incluirán en aquella previsión hipotética.

22. Entendemos que no hay discrecionalidad absoluta en los actos administrativos, ya que para que haya incidencia deberá existir una previsión general y abstracta, que permita la positivización del derecho. La positivización del derecho presupone un análisis por parte del hombre y la comparación de la norma general y abstracta con el lenguaje social o acontecimientos del mundo fenoménico. Este «análisis» abre el proceso de incidencia para subjetividades, pero siempre habrá un mínimo de previsión legal que permite la incidencia y la validez.

23. No se puede analizar la discrecionalidad examinando la norma general y abstracta. Tan solo la norma individual y concreta permite analizar cuestiones como conveniencia y oportunidad, «justicia», e idoneidad.

24. La discrecionalidad es fruto de la finitud de la actividad humana legislativa y forma parte del propio proceso de evolución del Derecho, que utilizando el idioma permite que los signos vagos y ambiguos sean llenados con contenidos de significación cuando se interpreta el Derecho (su creación y aplicación).

25. Entendemos que todos los conceptos jurídicos son parcialmente indeterminados, considerando el uso del idioma en un lenguaje no científico. Tan solo el proceso interpretativo es capaz de atribuir sentido a los signos.

26. El grado de indeterminación de los signos es propio del Derecho y su forma de evolucionar juntamente con la sociedad que practica las conductas que pretende influenciar.

27. Proponemos un nuevo modelo de análisis de los actos administrativos: una nueva división lógica. El análisis de los actos administrativos no debe partir de la norma general y abstracta, sino de la norma individual y concreta.

28. El análisis de la norma individual y concreta administrativa permitirá al intérprete una visión sistémica de la coherencia y armonía de aquella norma y permitirá el control eficaz sobre cuánto de discrecionalidad fue empleada por el agente cuando construyó la norma, tornándola ilícita en ese caso.

29. Entendemos que el proceso de positivización del derecho positivo es el proceso que crea normas individuales y concretas, cuando el Derecho se realiza, alcanzando los niveles máximos de concreción.

30. El proceso de positivización se inicia con la delimitación constitucional de las competencias y concluye con la norma individual y concreta.

31. No hay incidencia sin la acción humana. El hombre es el responsable por analizar la norma general y abstracta, verificar si el hecho social con el cual se depara (o incluso el evento que presencia) reúne las notas mínimas para incluirse en la clase prevista de la hipótesis de aquella norma general y abstracta y promover la subsunción (que es el proceso de inclusión de clases).

32. El «reconocimiento» que el hombre practica, mirando hacia el hecho social (o evento) y mirando hacia la norma general y abstracta, materializa la discrecionalidad propia del Derecho.

33. Durante el proceso de enunciación, la «voluntad», los «actos de voluntad» del creador de la norma serán tomados en consideración y afectarán el producto final: la norma individual y concreta que será insertada en el sistema del Derecho Positivo. La determinación es una norma individual y concreta, que es objeto de nuestro análisis.

34. Adoptamos la determinación como norma, procedimiento y acto, dependiendo del punto de vista que se analice de aquel lenguaje.

35. Como procedimiento, entendemos que es una serie de acciones conectadas, destinadas a la realización de un único fin: un acto final.

36. La determinación también es una norma, ya que adoptamos la premisa de que todo son normas para el Derecho Positivo.

37. Como acto, es una acción que resulta de un procedimiento; momentos significativos de una misma realidad.

38. Definimos el acto administrativo como una declaración del Estado, vale decir, una norma individual y concreta que encuentra en su antecedente la previsión hipotética de un hecho social de posible ocurrencia en el mundo fenoménico. Administrativamente, representa un deber-poder del Estado, dada la ocurrencia de aquel hecho social, para que el agente autorizado por el sistema la constituya en un lenguaje competente por el proceso de subsunción y, entonces, automática e infaliblemente, nacerá la relación jurídica prevista en el consecuente [en este consecuente hay un modal deóntico (permitido, prohibido y obligatorio)].

39. El procedimiento de la determinación tributaria se encuentra vinculado, según la prescripción del artículo 142 del Código Tributario Nacional. Lo que se encuentra vinculada es la actividad administrativa de la determinación; esta vinculación solo podrá ser apreciada a través del producto: norma puesta en el sistema que traiga marcas del proceso de enunciación.

40. La autodeterminación no es un acto administrativo. El sujeto pasivo es habilitado por el sistema para insertar una norma válida, pero no en la condición de «agente administrativo».

41. El acto administrativo en el procedimiento de la autodeterminación ocurre tanto por fuerza de una fiscalización (que culminará con un acto administrativo-tributario de determinación de oficio o en sustitución a aquel efectuado por el sujeto pasivo) o a través del silencio (al cual la ley imputa efectos como la «homologación tácita»). Debemos resaltar que en el caso de la «homologación tácita», debería existir un lenguaje que reconozca esos efectos resultantes del transcurso del lapso.

42. El «efecto» del silencio administrativo en la autodeterminación no es el reconocimiento de que el sujeto pasivo es capaz para realizar una «determinación». El «efecto» es la inalterabilidad de la norma puesta por el sujeto pasivo por fuerza del transcurso de tiempo. Esta «homologación tácita» no alcanza tan solo a la autodeterminación como norma introducida, sino también al vehículo introductor de la norma, vale decir, los deberes instrumentales a los cuales el sujeto pasivo también estaba «obligado» ante el ordenamiento.

43. La determinación por arbitramiento debe respetar el debido proceso legal, dado que debe asegurar al contribuyente para que pueda producir un lenguaje diverso del primero. Como una norma individual y concreta que es, se sujeta a la discrecionalidad y vincula-

ción de las otras modalidades de determinación. Admitimos la determinación por arbitramiento como una modalidad de la determinación de oficio.

44. En el Derecho Tributario, la aplicación del análisis de los actos administrativos «de atrás hacia adelante» es mucho más eficaz, dado que muchos signos tienen niveles de indeterminación relevantes y la interpretación sistémica es necesaria para mantener la armonía de la norma con las otras normas del sistema, pretendiendo la atribución de contenidos de significación a los signos coherentemente con las demás normas del mismo sistema.

45. Aplicando los conceptos de «acto administrativo vinculado» y «acto administrativo discrecional» al Derecho Tributario, confirmamos nuestras premisas: ninguna previsión abstracta es tan abierta que permita al intérprete transitar sin ningún límite por sus dominios y, de la misma forma, ninguna norma es tan rígida que no dé ningún margen al intérprete para ejercicios de valoración. El Derecho no controla la producción de sus normas. Ejerce un control posterior, de legalidad, trabajando con lenguajes que excluyen lenguajes del sistema.

46. El proceso de interpretación establecido por el profesor Paulo de Barros Carvalho demuestra que los conceptos discutidos en el trabajo son relevantes y refuerza el porqué de la necesidad de analizarse la norma individual y concreta en detrimento del análisis de la norma general y abstracta, que no dice nada sobre ninguna conducta.

47. El proceso de creación del Derecho pasa por el necesario análisis de la teoría de los actos de voluntad. El «querer» del derecho no está dentro del sistema, sino fuera. Las fuentes del Derecho Tributario están fuera del Derecho Tributario.

48. Tan solo tenemos acceso al proceso de enunciación (creación del derecho) a través de la enunciación-enunciada, vale decir, solo a las marcas del proceso en el producto (normas jurídicas). La enunciación está fuera del sistema del Derecho.

49. No hay un estudio posible del proceso de enunciación considerado en sí mismo. No tenemos acceso a la enunciación, salvo a través del análisis de su producto. El Derecho regula el control del producto de un proceso.

50. Existen formas de control de la legalidad-constitucionalidad de las normas jurídicas en sentido estricto, previstas por el propio Derecho. En este sentido, el Derecho es autopoiético, dado que determina previamente las formas de control interno de sus propios elementos.

51. Considerando que creemos que la incidencia ocurre libremente, entonces las formas de control posteriores de la norma, ya cuando esta posee el *status* de «jurídica», son las únicas formas que el sistema prevé para producirse un lenguaje posterior que retire el lenguaje anterior, válidamente.

52. Adoptamos el proceso administrativo tributario como una especie del género procedimiento administrativo. Este último no envolvería la aplicación de principios como contradictorio, amplia defensa y, consecuentemente, no habría la figura del litigio, como pretensión resistida.

53. No existen «determinaciones provisionales». Todas las normas individuales y concretas puestas en el sistema del Derecho Positivo son válidas y el predicado «validez» es un criterio de pertinencialidad al sistema, de forma que la determinación es válida hasta que otro lenguaje la modifique.

54. En la autodeterminación no hay notificación al sujeto pasivo para que el contencioso administrativo sea abierto, considerando la naturaleza de la «confesión de deuda» que es atribuida a esa norma, insertada por el sujeto pasivo.

55. La notificación de la emisión del acta de infracción e imposición de multa o de la determinación de oficio faculta al sujeto pasivo para presentar su defensa administrativa y, con eso, abrir la fase del contencioso administrativo-tributario.

56. Entendemos que la previsión hipotética del artículo 149 solo puede ser ejercida por la Administración mientras no haya litigio entre las partes. Después de la presentación de la defensa, no se puede hablar de «revocación» administrativa, considerando que es un derecho subjetivo del sujeto pasivo la manifestación de la Administración en el ejercicio de la función de órgano juzgador, con relación a la determinación, que, siendo favorable a los intereses del sujeto pasivo, se reviste del carácter de inmutable.

57. El contencioso administrativo pretende la producción de otro lenguaje que sustituya al anterior. El sujeto pasivo podrá demostrar, comprobar, a través de hechos alegados, que se tornarán hechos probados, que el antecedente de la norma individual y concreta no ocurrió u ocurrió de otra forma o, también, que no es el sujeto pasivo posible para el consecuente de la norma insertada.

58. La norma producida a través de un proceso administrativo, si es favorable al contribuyente, no podrá ser objeto de un cuestionamiento judicial posterior, ya sea por fuerza del artículo 45 del Decreto N.°

70.235/72 o por la ausencia de legitimidad del contribuyente para responder en juicio por la decisión administrativa.

59. El control judicial de los actos administrativo-tributarios tiene fundamento constitucional y se revela como una importante herramienta de control de los límites de actuación de los demás poderes estatales.

60. Se concluye que el Derecho Positivo no regula su creación, dado que no tenemos acceso al proceso de enunciación del derecho (fuente externa a este mismo derecho). La incidencia ocurre a través de la acción humana, lo que demuestra que el «querer» crear la norma es un acto libre de vinculaciones. Siempre debemos analizar una norma individual y concreta para verificar y controlar si se respetó a las demás normas de estructura del sistema y si tiene coherencia con el sistema.

61. Siendo la incidencia un proceso libre, el Derecho tan solo controlará el respeto a sus propias normas, analizando el producto y las marcas que el proceso dejase en el propio Derecho. Esto demuestra que ningún acto es vinculado o discrecional, hasta que el proceso de positivización del derecho alcance su fin: la norma individual y concreta de la determinación tributaria.

BIBLIOGRAFÍA

ALESSI. Renato. Principi di Diritto Amministrativo, *in Nozione e Oggetto del Diritto Amministrativo*. Buenos Aires: Casa Editorial, 1970.

ARAÚJO, Clarice von Oertzen de. *Semiótica do Direito*. 1.ª ed. São Paulo: Quartier Latin, 2005.

ATALIBA, Geraldo. *Derecho Constitucional Tributario*. Lima: IPDT, 1986, p. 31. Disponible en el siguiente link: <http://www.ipdt.org/uploads/docs/02_Rev11_GA.pdf>.

ATALIBA, Geraldo. *Hipótese de Incidência Tributária*. 6.ª ed., 5.º tir. São Paulo: Malheiros Editores, 2004.

AYRES, Paulo. *Contribuciones: Régimen jurídico, destinación y control*. 3.ª ed. Lima: Grijley, 2017.

BARCO, Oscar. *Teoría general de lo tributario*. Lima: Grijley, 2009.

BOBBIO, Noberto. *Teoria da norma jurídica*. 2.ª ed. São Paulo: Ed. Edipro, 1999.

BRASIL. Supremo Tribunal Federal. *Ag. Reg. no Agravo de Instrumento* N.º 555627 - DF. Voto del Magistrado Carlos Velloso. Brasília, DF, 16 de diciembre del 2005. Disponible en el siguiente link: <http://www.stf.gov.br/portal/jurisprudencia/listar Jurisprudencia.asp?s1=555627.NUME.+E+AI.SCLA.&base=baseAcordaos>.

BRASIL. Supremo Tribunal de Justiça. *Ag.Reg. no Recurso Especial* N.º 984.850 - SP (2007/0151742-7). Voto del Magistrado Humberto Martins. São Paulo, SP, 14 de diciembre del 2007. Disponible en el siguiente link: <https://ww2.stj.gov.br/revistaeletronica/Abre_Documento.asp?sLink=ATC&sSeq=3530399&sReg=200701517427&sData=20071214&sTipo=91&formato=PDF>.

BRASIL. Supremo Tribunal Federal. *Habeas Corpus*. N.º 86424 - SP. Voto de la Ministra-Relatora Ellen Gracie. São Paulo, SP, 11 de octubre del 2005. Disponible en el siguiente link: <http://www.stf.gov.br/portal/jurisprudencia/listarJurisprudencia.asp?s1=86424.NUME.+E+HC.SCLA.&base=baseAcordaos>.

BRASIL. Supremo Tribunal Federal. *Recurso em Mandado de Segurança* N.º 24699 - DF. Relato del Magistrado Eros Grau. Brasília, DF, 30 de noviembre del 2004. Disponible en el siguiente link: <http://www.stf.gov.br/portal/jurisprudencia/ listarJurisprudencia.asp?s1=24699.NUME.+E+RMS.SCLA.& base=baseAcordaos>.

Bravo, Jorge. *Fundamentos de Derecho Tributario.* 3.ª ed. Lima: Grijley, 2009.

–. El principio de capacidad contributiva desde la perspectiva del Tribunal Constitucional: algunas reflexiones, *in Estudios de Derecho Constitucional Tributario.* Lima: USMP Fondo editorial, 2011.

Caliendo, Paulo. *Derecho Tributario y Análisis Económico del Derecho.* Lima: Grijley, 2018.

Canotilho, J. J. Gomes. *Direito Constitucional. Dos Princípios Estruturantes.* Lisboa: RT Editora, 1998.

Carrazza, Roque Antônio. *Curso de Direito Constitucional Tributário.* 19.ª ed. São Paulo: Malheiros Editores, 2002.

Carrió, Genaro. *Notas sobre Derecho y Lenguaje.* Buenos Aires: Abeledo-Perrot, 1979.

Carvalho, Paulo de Barros. *Crédito Prêmio de IPI. Estudos e Pareceres III.* 1.ª ed. São Paulo: Editora Manole, 2005.

–. *Curso de Direito Tributário.* 19.ª ed. São Paulo: Saraiva, 2007.

–. *Curso de Derecho Tributario.* Lima: Grijley.

–. *Direito Tributário - Fundamentos Jurídicos da Incidência.* 3.ª ed. São Paulo: Saraiva, 2004.

–. *Direito Tributário, Linguagem e Método.* 2.ª ed. São Paulo: Editora Noeses, 2008.

Castro, Carlos Roberto Siqueira. *O Devido Processo Legal e a Razoabilidade das Leis na Nova Constituição do Brasil.* São Paulo: Editora Forense Jurídica, 2001.

Conrado, Paulo César. *Processo Tributário.* 1.ª ed. São Paulo: Quartier Latin, 2004.

Conrado, Paulo. *Manual teórico-práctico del proceso tributario.* Lima: Legales ediciones, 2018.

Cretella Júnior, José. *Tratado de direito administrativo.* 15.ª ed. Rio de Janeiro: Editora Forense, 1972.

Doria, Antonio Roberto Sampaio. *Direito Constitucional Tributário e Due Process of Law. Origem e Evolução da Cláusula Due Process of Law.* São Paulo: Editora Forense, 1986.

Escola, Héctor Jorge. *Tratado General de Procedimiento Administrativo. El Procedimiento Administrativo.* Buenos Aires: Ediciones Depalma, 2000.

FALLA, Fernando Garrido. *Tratado de Derecho Administrativo.* 13.ª ed. Madrid: Tecnos, 2002.

FERRAGUT, Maria Rita. *Presunções no Direito Tributário.* 2.ª ed. Quartier Latin, 2005.

FIGUEIREDO, Lucia del Valle. *Ato Administrativo e Devido Processo Legal.* São Paulo: Editora Max Limonad, 1989.

-. *Curso de Direito Administrativo.* 8.ª ed. São Paulo: Editora Malheiros, 2006.

-. Parecer elaborado para la Orden de los Abogados de Brasil - Sección de São Paulo. Información oral proporcionada en el Curso de Derecho Administrativo II, del curso de Maestría en Derecho, de la Pontificia Universidad Católica de São Paulo. São Paulo, marzo del 2007.

FIORIN, José Luiz. *As Astúcias da Enunciação. As Categorias de Pessoa, Espaço e Tempo.* 2.ª ed., 3.ª reimp. São Paulo: Editora Ática, 2005.

FLUSSER, Vilém. *Lingua e Realidade.* 2.ª ed., 1.ª reimp. São Paulo: Anna Blume, 2005.

GAMA, Tácio Lacerda. *Contribuição de Intervenção no Domínio Econômico.* 1.ª ed. São Paulo, Quartier Latin, 2003.

-. *Competência tributária. Fundamentos para uma teoria da nulidade.* PUC/SP, 2008.

GARCÍA DE ENTERRÍA, Eduardo; FERNANDEZ, Tomás-Ramón. *Curso de Derecho Administrativo I. Potestades Regladas y Potestades Discrecionales.* v. I, 8.ª ed. Madrid: Civitas, 1998.

GARCÍA, César. La incidencia de la doctrina de la solidaridad en cierta jurisprudencia del Tribunal Constitucional peruano en la creación de normas fiscales, *in Estudios de Derecho Constitucional Tributario.* Lima: USMP Fondo editorial, 2011.

GOMES, Fernando. *Derecho Tributario y el tributo.* Lima: Legales ediciones, 2015.

GORDILLO, Agustín. *Tratado de Derecho Administrativo. Las Funciones del Poder.* 8.ª ed. Buenos Aires: F.D.A., 2003.

GUIBOURG, Ricardo; GIULIANI, Alejandro; GUARINONI, Ricardo. *Introducción al conocimiento científico.* Buenos Aires: EUDUBA, 1985.

HERNÁNDEZ, Luis. *El poder tributario y la nueva Constitución.* Lima: IPDT, 1993, p. 22. Disponible en el siguiente link: <http://www.ipdt.org/editor/docs/02_Rev24_LHB.pdf>.

HERNÁNDEZ, Luis. *El poder tributario y la nueva Constitución.* Lima: IPDT, 1993, p. 24. Disponible en el siguiente link: <http://www.ipdt.org/editor/docs/02_Rev24_LHB.pdf>.

Huamaní, Rosendo. *Código Tributario comentado*. Lima: Jurista editores, 2015.

Kant, Immanuel. *Crítica da Razão Pura*. São Paulo: Nova Cultural, 1996.

Kelsen, Hans. *Teoria Pura do Direito*. 5.ª ed. São Paulo: Martins Fontes, 2003.

Larenz, Karl. *Metodologia da Ciência do Direito. A Interpretação das Leis*. 3.ª ed. Lisboa: Calouste Gulbenkian, 1998.

Lins, Joana. *Fundamentos de la norma tributaria*. Lima: Jurista editores, 2012, p. 196. La última edición de este libro ha sido publicado en Chile y Argentina por Ediciones jurídicas Olejnik.

Luque, Javier. *El impuesto al patrimonio neto personal y los principios constitucionales de imposición fiscal*. Lima: IPDT, 1989, p. 93. Disponible en el siguiente link: <http://www.ipdt.org/uploads/docs/06_Rev17_JLB.pdf>.

Medrano, Humberto. *Acerca del principio de legalidad en el Derecho Tributario peruano*. Lima: IPDT, 1987, p. 3. Disponible en el siguiente link: <http://www.ipdt.org/uploads/docs/01_Rev12_HMC.pdf>.

Mello, Celso Antônio. *Curso de Direito Administrativo*. 26.ª ed. São Paulo: Malheiros Editores, 2009.

Robles, Carmen del Pilar; Ponce De León, Francisco; Villanueva, Walker; y Bravo, Jorge. *Código Tributario: doctrina y comentarios*. 3.ª ed. Lima: Pacífico.

Robles, Gregorio. *O direito como texto - Quatro estudos da teoria comunicacional do direito*. São Paulo: Ed. Manole, 2004.

–. *Teoría del Derecho* (*Fundamentos de la Teoría Comunicacional del Derecho*). Madrid: Editora Civitas, 1998.

Ross, Alf. *Sobre el derecho y la justicia*. Traducción de Genaro Carrió. Buenos Aires: Euditora, 1974.

Scarvino, Dardo. *Filosofía actual: Pensar sin certezas*. Buenos Aires: Paidós, 1999.

Santi, Marcos Diniz de; Conrado, Paulo Cesar. Mandado de Segurança em Matéria Tributária, definindo e inter-relacionando Conceito Fundamentais: «Direito Líquido e Certo», «Ato Coator», «Medida Liminar», «Sentença», *«Periculum in Mora»* e *«Fumus Boni Iuris», in Revista Dialética de Direito Tributário*. São Paulo: Dialética, n. 90, marzo de 1993.

Sousa, António Francisco de. *Conceitos Indeterminados no Direito Administrativo*. Coimbra: Livraria Almedina, 1994.

Tomé, Fabiana Del Padre. *A Prova no Direito Tributário*. 1.ª ed. São Paulo: Ed. Noeses, 2005.

VILANOVA, Lourival. *As estruturas lógicas e o sistema do direito positivo*. São Paulo: Ed. Max Limonad, 1997.

–. *Causalidade e Relação no Direito*. 4.ª ed. São Paulo: Ed. Revista dos Tribunais, 2000.

WITTGENSTEIN, Ludwig. *Tractatus Logico-Philosophicus*. 3.ª ed. Traducción de Luiz Henrique Lopes Santos. São Paulo: Edusp, 1999.

LA DETERMINACIÓN TRIBUTARIA COMO ACTO ADMINISTRATIVO:
PROCEDIMIENTO Y CONTROL,
de VIVIAN DE FREITAS E RODRIGUES DE OLIVEIRA, se imprimió
en la República Argentina en octubre de 2019.

www.ingramcontent.com/pod-product-compliance
Lightning Source LLC
LaVergne TN
LVHW040439051026
849517LV00002B/682